주빌리를
선포하라

21세기를 위한 영성

마리아 해리스 지음
김은주 옮김

기독교문서선교회

기독교문서선교회(Christian Literature Center: 약칭 **CLC**)는 1941년 영국 콜체스터에서 켄 아담스에 의해 시작되었으며 국제 본부는 영국의 쉐필드에 있습니다.

국제 CLC는 59개 나라에서 180개의 본부를 두고, 약 650여 명의 선교사들이 이동도서차량 40대를 이용하여 문서 보급에 힘쓰고 있으며 이메일 주문을 통해 130여 국으로 책을 공급하고 있습니다.

한국 CLC는 청교도적 복음주의 신학과 신앙서적을 출판하는 문서선교 기관으로서, 한 영혼이라도 구원되길 소망하면서 주님이 오시는 그날까지 최선을 다할 것입니다.

Proclaim Jubilee

A Spirituality for the Twenty-first Century

Written by
Maria Harris

Translated by
Un Chu Kim

Copyright © 1996 by Maria Harris
Originally published in English under the title as
Proclaim Jubilee
A Spirituality for the Twenty-first Century
by Westminster John Knox Press,
Translated and used by the permission of Westminster John Knox Press,
100 Witherspoon Street, Louisville, Kentucky 40202–1396. U.S.A.

All rights reserved.

Korean Edition
Copyright © 2015 by Christian Literature Center
Seoul, Korea

추천사 1

박 화 경 박사
한일장신대학 기독교교육학 교수

마리아 해리스(Maria Harris)는 종교교육과 영성 탐구에서 예술적 접근을 시도함으로 널리 알려진 학자이다. 또한 종교교육 커리큘럼에 대한 깊은 이해와 종교교육에서 상상력의 활용 등은 종교교육의 계획과 실천에 새로운 시각을 제시하고, 예장(통합)의 커리큘럼 "하나님 나라: 부르심과 응답"을 비롯해 한국 기독교교육에서도 많은 영향을 끼쳤다.

이런 다양한 분야에서 그녀의 연구들은 본서에서 더욱 확장되고 구체화되고 있다. "주빌리를 선포하라"는 제목에서 드러나는 것처럼, 본서는 성경의 주빌리(희년)를 21세기 영성의 패턴과 종교교육과 목회를 위한 모델로 제시한다. 그녀는 주빌리의 가르침이 오늘날의 세상을 이끌 수 있는 심오한 시사점을 지닌 종합적인 영성이라고 확신한다.

그리고 이것을 논증하기 위해 주빌리 전통에 대해 심도 깊은 성경적, 신학적 연구들을 기초로 주빌리가 성경의 사건이나 유대인의 막연한 희망에 머무르지 않고 우리의 현실을 조명하는 빛이 되고, 오늘의 세계가 안고 있는 고통의 문제들을 해결할 수 있는 영성과 종교교육의 모델이 됨을 주장하면서 독자들에게 정치적, 경제적, 도덕적으로 주빌리의 삶을 살아야 함을 요청하고 있다.

여섯 장으로 구성된 본서는 먼저 주빌리에 대한 전체적인 그림을 제시한 후에 주빌리를 구성하는 요소를 땅의 휴식, 용서, 자유, 정의, 기쁨의 다섯 가지로 각 주제들을 나누어 각 장에서 설명하고 있다. 각 주제마다 그 주제가 지니는 성경적 의미와 현대신학에 나타난 신학적 정신까지 철저하게 탐구하고, 이런 주제들이 현실 속에 어떻게 구현되어야 할 것인지 구체적으로 제시하고, 실제적인 예도 들고 있다. 나아가 우리가 이런 영성을 구체적으로 실현할 때 뒤따라야 할 추가적 성찰과 대화를 위한 질문까지도 세밀하고 섬세하게 제시하고 있다.

이와 같은 해리스의 시각은 목회자나 기독교교육 지도자는 물론 모든 종교적인 질문을 가진 사람들에게 새로운 통찰력을 불러일으키고 상당한 시사점을 제시한다. 성경에서 제시되는 주빌리의 영성은 개인적이고 영적인 차원을 넘어 사회적이고 통전적인 영성이 되어야 하고, 인간 중심적인 차원을 넘어 창조세계와 연대하는 우주적 차원으로 확장되어야 함을 일깨워준다. 특히 교회나 기독교교육의 중요한 영역 중에 하나인 영성 교육이 골방에서 초월적 존재와의 합일을 추구하거나 개인적 도덕에 초점을 맞추는 것에 머무르지 않고, 오늘날 부서지고 파편화되어 고통받는 세상의 모든 문제들을 직시하고 해결하기 위한 기도와 행동에 깊이 연결되어 있음을 깨닫게 한다.

이렇게 좋은 책을 번역해 주신 김은주 교수의 노고에 깊이 감사하며 본서가 기독교교육과 영성에 관심 있는 사람들은 물론 한국 교회의 앞으로의 방향성에 대해서도 깊은 통찰력과 실제적 지식 및 구체적 방법을 제시할 것이라 믿는다.

추천사 2

김 정 준 박사
총신대학 원격평생교육원 신학과 교수

기독교교육학과 영성을 공부하면서 나에게 큰 영향을 끼친 훌륭한 기독교교육 학자들이 많이 있다. 그중에 탁월한 학문적 업적과 역량을 보여준 20세기 여성학자들은 사라 리틀(Sarah P. Little. 1919-2000), 레티 러셀(Letty M. Russell, 1929-2007), 마리아 해리스(Maria Harris, 1932-2005), 메리 무어(Mary Elizabeth Mullino Moore, 1945-) 등이라고 생각한다.

이들의 기독교교육학과 영성의 탐구는 20세기 초반 신정통주의 신학(neo-orthodox theology) 이후, 1970년대 하나님의 선교 신학(theology of missio Dei), 1980년대 수정주의 신학(revisionist theology), 1990년대 포스트모던 신학(postmodern theology) 등 오늘날까지 전개된 신학사상과 교육학 연구의 주요 흐름을 반영하고 있다. 이분들은 모두 미국의 여성학자들로 한국 교회의 교회교육 실천과 대학·대학원에서의 기독교교육학 연구에 큰 영향을 끼쳤다.

마리아 해리스의 학문적 관심 영역은 영성, 종교교육 교수법, 교회와 교육의 재구성으로 커리큘럼, 여성주의, 정의, 희년과 예전 등이다. 해리스는 기독교교육학과 영성의 탐구에 있어서 예술적/미학적 접근을 시도하는 것이 특징이다. 해리스의 많은 저서들 가운데, 고용수 교수가 『교육목회 커리큘럼』(Fashion Me a People, 1989)으로, 김도일 교수가 『가르침과 종교적 상상력』(Teaching & Religious Imagination, 1998)이라는 제목으로 번역, 출판되어 한국 교회와 기독교교육학 연구자들에게 많은 도움을 준 바 있다.

금번 김은주 교수가 많은 시간의 수고와 노력을 통하여 마리아 해리스의 또 하나의 저서 『주빌리를 선포하라』(Proclaim Jubilee!)라는 제목으로 번역, 출판하게 되었다. 본서는 성경적 희년의 의미와 개념들이 정의(justice)의 문제와 관련하여 영성과 종교교육의 실천에 있어서 어떠한 발전 가능성이 있는지를 보여주고 있다. 구체적으로 21세기 영성의 패턴을 형성하는 주빌리의 신학적 의미들, 곧 땅의 휴식, 용서, 자유, 정의, 기쁨 등 일련의 주제에 대하여 논의한다. 주빌리의 의미는 하나님의 창조된 세계 안에서 인간의 존재와 관계성의 치유, 그리고 정의로운 회복에 이르는 기독교 영성 형성의 과정으로 제시되고 있다.

독자들이 본서를 기도하는 마음으로 차분히 읽어 가노라면 '주빌리'에 담긴 하나님의 마음과 마리아 해리스의 통찰을 함께 느낄 수 있을 것이다. 그런 면에서 본서의 출판은 영성과 기독교교육학을 전공하는 학생들과 관심이 있는 연구자들에게 큰 기쁨과 행운이 아닐 수 없다. 기쁜 마음으로 한국 교회 목회자들과 기독교교육학을 전공하는 학생들과 연구자들에게 일독을 권한다.

추천사 3

월터 브루그만 박사
Columbia Theological Seminary 구약학 교수

　본서에 관한 내용을 처음 접한 것은 내가 재직하고 있던 콜럼비아 신학교에서 마리아 해리스가 주빌리라는 주제를 발표했을 때였다. 그 당시 그녀의 강연은 에너지를 불어넣고, 동시에 초청의 방식을 도입하면서 매우 감동적이었다. 이후로 해리스는 그 자료들을 더욱 깊이 다듬고 그녀의 사고를 진척시켰다. 그러나 내가 처음에 경험했던 자료의 주된 장점이 본서에도 잘 제시되어 있다. 그녀는 학문과 영성, 그리고 정의를 향한 열정을 모아 최고의 책을 만들었다. 그녀의 저술의 힘은 노동이라는 평범한 부분의 제한성에 순종적으로 편안히 안주하는 것을 거절함에 있다.
　성경을 연구한 해리스의 방법은 내가 볼 때 정확하다. 그녀는 본문의 특징에 각별한 주의를 기울였고 신뢰할 만한 학문적 연구의 정보를 가지고 있다. 그러나 다른 학문적 연구와는 다르게 그녀는 여기에만 머물지 않을 뿐더러 본문를 멀리하지도 않는다. 그녀는 심오한 영감을 가진 이론도 없이, 성경의 생명력으로부터 분리할 수 없는 우리의 현재 삶을

조명하고, 또한 미래를 창조하는 살아 숨쉬는 계시의 말씀으로 본문을 다루고 있다.

물론 '주빌리'라는 주제는 상상력이 풍부한 해리스의 능력에 가장 적합한 종류의 주제, 즉 다양한 측면을 지닌 주제이다. 그녀는 특정한 본문에서 구현된 고대의 특정한 실천을 어떻게 풍성하고 밀도 높은 삶의 이미지와 상징 그리고 은유로 선택할 수 있는지 이해한다. 또한 그녀는 은유가 나타내는 중요성을 충분히 발휘한다. 그럼에도 그녀는 은유가 구체적인 사회정치적 함의로부터 유리된 채 환타지 속으로 표류하는 것을 절대 허용하지 않는다.

또한, 해리스는 주빌리 전통이 종종 직면하는 회의적인 질문, 곧 "그들이 주빌리를 실천했다는 증거는 없다. 그렇지?"라는 질문에 대한 대응을 결코 포기하지 않는다. 왜냐하면 주빌리 전통이 실천되었든지 혹은 그렇지 않았든지 간에, 가장 오래된 이스라엘의 비전은 그들의 꿈 속에서 우연히 다시 펼쳐지기를 기다리는 것이 아니라, 주빌리를 실천하는 데에 있었음을 그녀는 알고 있기 때문이다.

해리스가 설명하려는 주빌리 주제들은 성경 본문과 우리가 확신할 수 있는 고대 이스라엘의 실제 속에 참으로 깊숙이 자리 잡고 있다. 고대의 가부장적이고 단편화된 농업사회와 동떨어져 보이는 우리의 시대에도, 이런 구체적인 실천들이 여전히 긴급한 문제들이고 선택할만한 가능성임을 상기시킨다. 이런 주제들에 관한 그녀의 설명을 따라가다 보면 그녀는 우리를 '깊은 경청'(thick listening)으로 초대한다. 이것은 그녀가 기도를 설명하는 데에 사용하는 방식 가운데 하나이다. 본서는 고통과 상상 사이에 일어나는 깊은 접촉점을 이해하고 진가를 아는 경청에 관한 모든 것이다. 또한, 현재 긴급한 인간의 소명인 '세상의 치유'

를 위한 에너지를 생성케 하는 감동의 접촉점에 관한 것이다.

휴경지(Land in fallowness)는 해리스에 의해 풍부하고 암시적인 계획 속에서 해석된다. 창조주가 부여한 생명이 세상(땅)에도 있다는 사실과 세상은 경작으로 인해 파괴되지 말아야 하며, 인간의 이익과 방종을 위해 남용되어서도 안된다는 사실을 우리에게 상기시킨다. 여기에 더하여, 안식일의 원리와 직접 연결되는 땅의 필수적인 묵힘(fallowness)은 경청과 기다림 그리고 수용이라는 실존의 모든 양식을 숙고하도록 우리를 이끌어 간다. 따라서 그녀는 팔레스타인의 실제 땅으로부터 '우리 각자가 구성하는 작은 나라, 우리 자신의 땅'으로 이동한다.

게다가, 우리 주변에 존재하지만 우리에게 의존하지 않는, 창조 안에는 어떤 생산적인 실재가 활동하고 있다는 사실을 깨닫기 위해, 땅은 생산의 열정과 독재적 주도성에서 벗어나 휴식을 가져야 한다. 해리스의 대표적인 논지를 통해 우리는 그녀와 같은 시인이 이런 주제를 풍부하게 다룰 수 있다는 사실을 알게 될 것이다.

주빌리는 땅으로부터 용서로의 비약을 의미한다. 그러나 해리스는 주된 주빌리 본문이 바로 그 비약을 만든다는 사실에 주목한다. 은혜의 신학이나 타산적 종교가 용서에 관한 우리의 권리를 침해하는 것을 보면, 용서란 소유하고 임대하고 빌리고 저당 잡힌 땅과 관련 있음이 분명하다. 그래서 그녀는 관용의 시인 같은 방식을 따라 용서에 관해 점점 서정적으로 변해간다.

> 우리가 할 수 있는 모든 것을 용서하라
> 빚을 탕감하라
> 권리 침해를 용서하라

죄를 용서하라

가족을 용서하라

세상의 빚을 탕감하라!

불가능한 것을 용서하라는 요구는 감상적인 것이 아니다. 용서하지 못하는 사람들은 결국 우리가 가진 인간적인 모든 것까지도 파괴한다. 용서에 관한 이런 해리스의 관점이 깊은 감동과 실천적 도움을 준다고 나는 본다.

우리는 진정 공감할 수 없는 분노와 처리되지 못한 증오, 그리고 측량하기 어려운 공포의 세계 속에서 살고 있다. 그러나 이런 타락한 순환 사이클을 끊고 새로운 출발을 위한 현실적이고 믿을 만한 담론이 여기 있다. 그녀는 우리로 하여금 피곤함으로 인해 상실할 것 같은 회복된 결백을 상기하게 한다. '주기 위함'(for-giving)은 '다시 주는 것'(re-giving)이기 때문에 그녀는 계속해서 주고, 다시 주고, 또 주기 위함의 선물로 접근을 제안한다.

해방이라는 주제에 이르러서 해리스는 가정과 귀향 그리고 '자신에로의 회귀'로 전개하여 우리에게 놀라움을 준다. 이것을 제외하면, 해방이라는 주제가 우리에게 좀 더 익숙한 영역이기를 기대한다. 익숙함의 가장자리에서 본서는 다시 영역을 반전시켜 '가정에서 멀어진' 사람들, 특히 착취와 학대의 상징인 재소자들과 어린이들을 생각한다.

우리 사회가 정규적으로 지배적인 형태 안에서 규정하는 '가정에서 멀리 분리됨'을 의식적으로 깊이 생각하지 않는 한, 우리는 부도덕적인 방식으로 매일 늘어나는 모든 버려진 자들을 위한 가정의 긴급성을 놓치게 될 것이다.

나는 본서를 읽으면서 우리가 알아차리지 못하는 사이에 얼마나 우리 사회와 가정이 일반화되고 제도화된 사회여야 한다는 관념에 익숙하게 되었는지를 인식하게 되었다. 이런 사회에서 가정의 절대적 필요성은 단지 기득권자들과 특권층을 위한 하나의 사치에 불과하다. 본서의 방식은 우리가 견지하는 가장 평범한 전제들을 놀라운 대상으로 부각시킨다. 그리고 본서에서 일견 우리에게 놀랍다고 생각되는 것들도 주빌리라는 렌즈를 통해 읽을 때 평범한 것이 된다.

해리스가 강조하는 요점인 정의에 이르게 되면, 그녀는 자신의 속도를 낸다. 해리스에게 '당연한' 것이 없지만, 정의는 마땅히 주빌리의 중심적인 주제이다. 정의라는 개념은 영성에서 시작하고, 영성은 '우리가 하나님이라고 부르는 신비, 곧 우주의 중심에 있는 신비의 관점에 비추어서 존재하는 방식이 된다.' 이것이 정의에 관한 것인가? 그렇다, 정의에 관한 것이다. 왜냐하면 세상에서 정의는 부차적이거나 임시변통의 안건이 아니라 확고한 존재의 방식이기 때문이다. 그래서 그녀는 '축적의 한계'와 '정의로운 가능성의 창조' 그리고 '자발적 기부'를 깊이 생각한다. 그녀는 주빌리의 정의를 끔찍한 부담이 아니라 실현 가능한 삶의 또 다른 방식으로 제시한다.

아마도 독자들은 아래와 같은 요지 때문에 본서에 관한 내가 느끼는 기쁨을 감지할 수 있을 것이다.

> 해리스는 주제들을 전통적 범주 안에 가두는 것을 거부하고 세상에 관한 우리의 일상적인 단절을 재서술할 수 있는 새로운 관계 속으로 이끌어 온다.
> 해리스는 인용에 철저하다 그리고 그녀가 그런 노력으로 인

해 우리는, 우리 가운데 활발하고 창조적인 사상가들, 곧 요더(Yoder)와 모란(Moran), 토마스 베리(Thomas Berry), 아렌트(Arendt), 부버(Buber), 웬델 베리(Wendell Berry), 구티에레즈(Gutierrez), 테리엔(Terrien), 워커(Walker), 딜라드(Dillard) 그리고 헤셀(Hechel)로부터 그들의 최고를 얻게 될 것이다. 그들은 우리를 멈추게 하고 경탄을 금치 못하게 하며, 우리로 하여금 그들의 이름을 빠뜨리지 않고, 적절한 참고문헌을 기록하게 한다.

해리스는 모든 사물을 새로운 관점으로 이끌어 들이는 탁월한 문장 인식자이며 창조자이다. 아래의 표현을 보라.

'사물들의 눈물', '강화된 거룩한 시간', '나는 주빌리가 되어가고 있다', '용서 되기', '주빌리의 한 단면과 모든 다른 떨림을 만져보라', '이야기하기의 과업', '지구의 적자'(deficits), '의지(will)는 주빌리 문서가 될 수 있다', '시끄러운 영성.'

해리스의 글을 읽는 것은 조심스럽게 각 단어를 배열하고 그런 다음 각 구절에 주석을 다는 그래서 각각으로 하나의 세상을 창조하는, 스크랩 책을 정리하는 시인을 바라보는 것과 같다. 해리스는 각 장의 마지막에 성찰할 수 있는 풍부한 질문들을 제공했다. 그녀는 주빌리라는 주제에 대해 할 일이 더 있음을 알고 있다. 그러나 그녀는 우리를 위해서 그것을 하지 않을 것이다.

결국, 주빌리는 감사의 해방이고, 기쁨은 주빌리의 최종 표현이다. 내 삶에는 『주빌리를 선포하라』(*Proclaim Jubilee!*)보다 더 크게 감사해야

할 다른 책들이 있다는 것은 확실하다. 그러나 내가 느끼는 것처럼 독자들은 본서에 감사할 것이다. 나는 매우 특별한 이유에서 이것이 사실일 것이라고 생각한다. 왜냐하면, 주제와 서술된 방식 사이에 존재하는 독특한 집중성 때문이다.

해리스는 이런 것들을 기술했을 뿐만 아니라 그것들을 실행한다! 본서는 충만한 은혜가 있는, 행함(doing)의 일종인 실행적 담화이다. 물론 해리스에게 감사함이 있기는 하지만 그녀에게만 감사하는 것은 아니다. 감사는 또한 본서의 페이지 속에 현존하는, 그녀가 소박하면서도 지극히 높은 존경을 표하는 하나님에 대한 것이기도 하다.

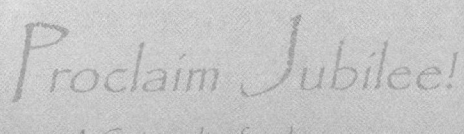

저자 서문

마리아 해리스 박사
Andover Newton Theological School 종교교육학 교수 역임

1992년 나는 타고난 재능을 지녔던 나의 전직 동료 요셉 켈리(Joseph Kelly)로부터 한 통의 초대편지를 받았다. 요셉은 클리브랜드(Cleveland)에서 살면서 존캐롤대학(John Carroll University)의 종교학과 학과장으로 섬기고 있었는데, 존캐롤대학은 그로 하여금 초대장을 발부하도록 위촉을 했다. 그의 편지는 다음과 같이 쓰여 있었다.

"한 학기 동안 우리 학교에 와서 한 과목을 가르치고 당신이 선택하는 주제에 관한 강의를 시리즈로 해 줄 수 있겠습니까?"

"이것이 당신에게 주어진 유일한 임무이며, 유명한 예수회대학(Jesuit University)의 자료들과 생각이 비슷한 동료들과의 교제, 그리고 우리 도시의 예술적인 보물들을 포함하는 주변 환경 속에서 당신은 임무를 수행할 수 있을 것입니다."

가르치는 작가의 꿈이 현실로 이루어졌다. 나는 수락했다. 다른 업무가 없었으므로 나는 1994년 가을학기 내내 존캐롤대학에서 거주하게 되었다. 거의 30여 년 전 췌사피크(Chesapeak)와 오하이오 철도

(Ohio Railway)의 중역이었던 월터 투이(Walter Tuohy)와 그의 부인 메리(Mary)는 내가 임용된 종교 간 연구를 위한 '투이 교수직'(Tuohy Chair)을 신설했다. 그리고 나는 대학에 도착한 후, 그 직위를 지키며 우리 시대의 종교적 이해에 공헌하기 위해 기획된 일 속에서 학문적 전임자들의 긴 대열에 참여하게 되었다.

『주빌리를 선포하라!』(*Proclaim Jubilee!*)는 그 당시 내 연구의 성과물이다. 주빌리는 '내가 선택했던 주제'였기에, 이미 몇 년 전부터 성경에 나타난 주빌리를 조사하고 있었다. 그리고 내가 아틀란타의 캔들러신학교(Candler Thelogical Seminary), 조지아 주(state) 디케이터(Decatur)에 있는 콜럼비아신학교(Columbia Theological Seminary), 피츠버그신학교(Pittsburgh Theological Seminary), 포트 워쓰에 있는 브라이트신학교(Brite Theological Seminary), 알렉산드리아에 있는 버지니아신학교(Virginia Theological Seminary)에서 강연을 했던 짧은 기간 동안, 교회 생활에서 주빌리의 의미를 찾고 있었다.

나는 또한 뉴욕의 어번신학교(Auburn Theological Semniary)에서 주빌리에 관해 연구했고, 내가 집으로 돌아왔을 때 특히 봅 레버(Bob Reber), 바바라 휠러(Barbara Wheeler), 래리 라스무쎈(Larry Rasmussen), 짐 포비스(Jim Forbes), 월터 윙크(Wilter Wink), 드웨인 휴브너(Dwayne Huebner), 그리고 마크 윌헬름(Mark Wilhelm)은 자신들의 오후 시간을 나의 최종 원고를 호의적으로 비평하며 보냈다.

그러나 클리브랜드에서 주빌리는 나의 주요 관심사가 되었고, 나 자신을 포함해서 새로운 천 년의 시작을 맞이하는 사람들과 커뮤니티들을 위해 주빌리의 의미를 탐구할 기회를 가지게 되었다. 투이 교수직 임용은 여섯 번의 공개 강좌를 의무화했는데, 그 강좌들은 본서의 출간을 위한 초고를 제공하게 했다. 공개 강좌에 참석했던 사람들은 많은 통찰력을 더해주었을 뿐만 아니라, 나로 하여금 여전히 미숙했던 직관력을 날카롭게 하도록 도움을 주었다. 게다가, 우리가 주빌리의 음악적 전통을 우리의 강의에 포함시켰을 때, 참가자들은 기꺼이 노래를 함께 불러주었다.

존캐롤대학의 도서관 직원, 특별히 고만 더펫(Gorman Duffett) 박사와 그라셀리도서관(Grasselli Library)의 네빈 메이어(Nevin Mayer), 나의 대학원 조교 크리스토퍼 메리멘(Christopher Merriman), 종교학과의 메리 샤론 슈마이허(Mary Sharon Shumacher), 클리브랜드 중심가의 길찾기부터 내 수업에 필요한 독특한 자료를 찾으러 보더스(Boaders) 서점들 방문까지 모든 면에서 나의 가이드 역할을 변함없이 잘 해주었던 폴 라우리첸(Paul Lauritzen) 박사로부터 추가적인 도움을 받았다.

그리고 내가 속했던 학과의 일원이었던 저명한 선생님들, 특히 폴(Paul), 탐 슈벡(Tom Shubeck S. J.), 도리스 도넬리(Doris K. Donnelly), 그리고 낯선 사람을 돌보는 주빌리 전통이 내 개인적 삶에서 매일 연습되고 있음을 내게 일깨워 준 요셉 켈리의 환대도 부수적 도움이 되었다.

이와 더불어, 주빌리의 다른 전통들, 즉 휴경지, 용서, 자유, 정의, 그리고 기쁨이 본서의 핵심이다. 주빌리 안에 이런 전통들이 실현되면 21세기에 필요한 영성의 형태가 어떻게 형성되는지 제시하며, 이런 방향으로 영성 교육의 길을 제시하려고 한다. 나는 또한 주빌리 2000을 현재 개인과 가족 그리고 사회적, 경제적 삶 속에서 어떻게 준비해야 하는지를 제안한다. 독자들이 이런 제안들을 구체적 실천으로 옮길 때 결정하는 데에 도움이 되도록 심도 있는 성찰과 토론을 위한 일련의 질문들을 각 장의 마지막 부분에 제공한다.

본서는 개인과 목회자 혹은 종교교육가의 손에서 그들의 동료가 되며 안내자가 된다. 강의실에서 연구된다면, 본서는 고대와 현대의 성경적 원천에 관한 성찰의 자료가 될 것이다. 교구, 회중, 종교적 기관, 그리고 목회하는 공동체에서 공동으로 읽혀진다면, 본서는 주빌리 소명에 관한 의식적이고 신중한 반응을 위한 청사진이 될 것이다.

주빌리 비전은 일 년의 안식년 준수와 빚의 탕감 그리고 땅에 사는 모든 거주자들의 해방을 선포하도록 우리에게 재촉한다. 주빌리는 우리로 하여금 정의를 실행할 것을 요구한다. 최종적으로 주빌리는 우리로 하여금 거대한 축제와 연회를 베풀어서, 찬양하고 기쁨의 위대한 기도를 드리며, 축제의 노래, "주빌라테 데오, 옴니스 테라"(Jubilate Deo, omnis tera)를 부르는 주빌리 사람들의 목소리와 합하여 함께 노래하기를 우리에게 요청한다.

하나님과 모든 땅, 그리고 지구상의 모든 사람들을 찬양하라.

왜냐하면 주빌리가 우리 시대에 나타나기 때문이다.

그것은 당신에게 거룩함이다.

1996년 2월
뉴욕주 몬타우크에서

역자 서문

김은주 박사
한일장신대학 기독교교육학 교수

마리아 해리스는 기독교교육 분야에서 널리 알려진 학자이다. 특히 심미학적 요소를 강조하며, 가르침이란 주제를 형성하고 다듬고 구현하는 다양한 과정을 통해 그 주제를 살아내게 하는 것이라는 그녀의 통찰을 많은 이들이 기억한다.

본서를 통해 해리스는 통전적인 영성을 위한 통찰력을 생생하게 제시한다. 어느 특정 요소만을 강조하기보다는 다섯 가지 주빌리 전통을 가져와 하나의 전체로 만듦을 통해 하나님의 창조와 인간의 관계성을 분명하게 보여주며, 오늘날 그리스도인의 소명을 충실히 이행하기 위한 존재 방식이 주빌리임을 제안하고 있다.

동시에 정의에 기초한 종교교육을 실천하려는 저자의 사려 깊은 의도가 잘 표현된 본서에서 해리스는 정의를 위한 교육이 모든 종교교육과 주빌리의 구성적 요소임을 강조함으로써 종교교육이 품어야할 비전으로 우리를 다시 한 번 상기시킨다.

번역을 하는 내내 나 자신을 돌아보게 만드는 책이었다. 그것만 해도 본서를 번역하는 데 들인 시간과 노력은 아깝지 않을 것이다. 비록 부족하나마 기독교교육에 관심 있는 분들을 위해 이 번역본을 내놓는다. 혹시 저자의 뜻이 온전히 전해지지 못한 면이 있다면 전적으로 본인의 책임이며 겸손히 독자 여러분의 이해를 구한다.

특히 '주빌리'(Jubilee)라는 단어를 번역함에 있어 역자는 많은 고민과 조사 끝에 원어 그대로 사용하기로 결정했다. 50번째 해를 뜻하는 성경의 '희년'과 연관이 없는 것은 아니나 기독교에서 사용하는 죄의 사면과 보편적인 용서를 위한 특별한 해라는 의미가 본서의 전체적 맥락에 맞는 것 같아 '주빌리'로 사용한 것을 양해해주기 바란다.

본서를 통해 독자 여러분도 하나님의 창조세계가 어떻게 서로 연관되어 움직이고 있는지 그 웅장함을, 주빌리 하나님이 우리에게 주시는 도전을 체험해 보기 바라며 21세기에 우리가 추구해야 할 영성에 대한 생각들을 모으고 성찰할 수 있기를 기대한다.

끝으로 본서의 번역을 위해 여러 모양으로 지원하고 또한 출판해 주신 기독교문서선교회 박영호 사장님과 여러 직원에게 깊은 감사를 드린다.

2015년 10월 30일
어두골 연구실에서

목차

추천사 1 (박화경 박사, 한일장신대학 기독교교육학 교수)   5

추천사 2 (김정준 박사, 총신대학 원격평생교육원 신학과 교수)   7

추천사 3 (월터 브루그만 박사, Columbia Theological Seminary 구약학 교수)   9

저자 서문   16

역자 서문   20

제1장	세기의 주제들: 주빌리를 향한 도전들	23
제2장	땅의 휴식	52
제3장	세상의 존재 방식으로서 용서	84
제4장	그 땅에 거주하는 모든 이에게 자유를	121
제5장	주빌리 정의(Justice)	154
제6장	새 노래를 불러라: 기쁨의 찬가	185

색인   221

제 1 장

세기의 주제들: 주빌리를 향한 도전들

　나는 본서에서 성경의 주빌리를 영성의 패턴과 종교교육과 목회를 위한 모델로 탐구한다. 거의 20여 년 전에 나는 안식일의 실천이 어떻게 서구의 종교적 삶에 영향을 끼치고 양육하였는지에 관한 기초적 탐구와 연구를 시작했다. 필연적으로 그 연구는 나로 하여금 레위기 25장에 기록된 '주빌리 해'(Jubilee year), "안식일들 중의 안식일"로 귀착하게 했다. 거기서 나는 주빌리와 안식일이 밀접하게 관련되어 있다는 사실과 성경에서 주빌리는 실제로 하나님이 시내 산에서 모세에게 "너희는 내가 너희에게 주는 땅에 들어간 후에 그 땅으로 여호와 앞에 안식하게 하라"(레 25:1-2)고 말씀하시면서 시작되었음을 발견하게 되었다.
　그리고 나서 주빌리 지침은 계속된다.

> 너는 육 년 동안 그 밭에 파종하며 육 년 동안 그 포도원을 가꾸어 그 소출을 거둘 것이나 일곱째 해에는 그 땅이 쉬어 안식하게 할지니 여호와께 대한 안식이라(레 25:3-4).

점차적으로 주빌리 지침은 명령에서 그 절정에 이른다.

> 너는 일곱 안식년을 계수할지니 이는 칠 년이 일곱 번인즉 안식년 일곱 번 동안 곧 사십구 년이라. 일곱째 달 열흘날은 속죄일이니 너는 뿔나팔 소리를 내되 전국에서 뿔나팔을 크게 불지며 너희는 오십 년째 해를 거룩하게 하여 그 땅에 있는 모든 주민을 위하여 자유를 공포하라(레 25:8-10a).

50년째를 거룩하게 하라는 교훈에 자극받은 나는 일곱 해의 일곱 번을 지나왔고, 자신의 50번째 생일을 기념했으며, 연륜의 성숙함에 접어든 여성들에게 이 명령이 무엇을 의미하는지 이전에 출간한 책에서 서술했었다.[1]

그러나 『주빌리를 선포하라!』(*Proclaim Jubilee!*)에서 나는 다른 관점과 다른 출발점을 선택한다. 나는 독자들이 나와 더불어 우리 전체 사회의 더 넓고 큰 범위에서 주빌리가 지니는 시사점에 주의를 기울이기 바란다. 나는 주빌리가 정치와 경제 그리고 도덕적으로 우리 모두에게 어떤 의미가 있는지, 단지 50여 명 남짓한 개인들에 그치는 것이 아니라, 가족과 종교적 회중, 그리고 기관와 국가의 관점에서 고려해보기를 호소한다. 주빌리가 우리의 학교와 경제, 그리고 우리 가족들의 삶에 어떻게 영향을 미칠 수 있는지를 생각해보기 바란다. 감옥에 있는 재소자들과 거리의 어린이들에게 어떻게 영향을 끼칠 수 있는지 고려해보기를 바란다.

---

[1] Maria Harris, *Jubilee Time: Celebrating Women, Spirit, and the Advent of Age* (New York: Bantam Books, 1995).

레위기 25장과 관련된 성경 구절들, 특히 **누가복음 4장과 이사야서 61장**, 그리고 주빌리에 관한 현대적 주석을 읽으면서 주빌리는 종교적 교육과 간종교적(interreligiously) 교육의 방법을 제공하고 있다는 확신을 갖게 되었다. 또한, 주빌리는 몇몇 사람이 주장하듯 실제로 시행되지 않은 고대의 한 민족에게 배타적으로 속했던 폐기된 방식의 집합이라기 보다는, 현대적 삶의 복잡한 문제들과 우리 시대 도전들에 대한 매우 체계적이고 생명력 있는 응답이라는 것을, 또는 될 수 있다는 것을 확신하게 되었다.

또한 나는 주빌리 지침이 오늘날 세상에서 종교적 실존을 위한 심오한 함의를 내포하는 포괄적인 영성으로서 자격이 있음을 확신한다. 주빌리는 일상성(dailiness), 육체(flesh), 그리고 생명(blood)에 주목하는 영성으로, 내가 간단히 정의하는 영성, 곧 "창조의 핵심인 신비에 비추어 세상에서 존재하는 방식"임을 나는 믿는다.[2]

나는 차후의 장들에서 주빌리 선포를 소명으로 발견하는 사람들을 위해 이런 의무가 어떤 뜻을 내포하는지 서술하려 한다. 나는 성경과 교회, 그리고 신학적 자료들에 의존해서, 주빌리 실천을 격려하고 양육하는 교육과 관련해서 구체적인 제안을 하려고 한다. 이런 제안들은 다음과 같은 주빌리의 핵심적 가르침을 순서대로 조사하는 것으로부터 시작된다.

> 땅으로 하여금 쉬게 하시오, 그것은 당신이 안식을 실천함을 의미합니다

---

2 다음을 보라 Maria Harris, *Dance of the Spirit* (New York: Bantam Books, 1989), 이 의미에 대한 이해를 위해서 특히 67 페이지를 보시오.

빚을 탕감하시오, 용서를 받아들이면서
사로잡힌 자를 자유하게 하고 해방을 선포하시오
누구의 소유인지 찾아내고 그것을 되돌려주시오
(월터 브루그만의 연구에 영감 받은 구절)[3]
'주빌라테'(Jubilate, 감사와 영광과 찬양을 드리라는 뜻) 찬가
의 노래를 배우면서 위대한 향연을 개최하시오.

1. 시대의 영향력

나는 주빌리 지침들을 다루기 전에, 시대에 주목하면서 그 교훈들과 우리와의 관계를 설정하기 원한다. 우리는 우리의 개인적, 사회적, 지리적 위상들을 주빌리와 연결시킬 뿐만 아니라, 물질적인(temporal) 위상도 함께 연관시킨다. 이것은 21세기로 넘어가는 20세기 후반의 현실들이 우리에게 연관되어 있다는 사실을 의미한다.

우리는 천 년의 끝과 새로운 천년의 시작의 경계라는 원초적인 경계선에 서 있는 여성과 남성으로 이루어진 공동체이다. 우리는 이러한 끝과 시작의 때에 동반하는 예언적, 도덕적, 그리고 영적 영향력을 언급하지 않고 주빌리의 소명에 반응할 수 없을 것이다.

시인 캐롤린 포르체(Carolyn Forché)의 작품을 보면 우리는 우리가 살고 있는 장소뿐만 아니라 시대에 의해서 특징되고 영향을 받기도 한다

---

[3] Walter Brueggemann, "Voices of the Night - Against Justice," in Walter Brueggemann, Sharon Parks, and Thomas Groome, *To Act Justly, Love Tenderly, Walk Humbly: An Agenda for Ministers* (New York: Paulist Press, 1986), pp. 5-6.

는 유사한 확신으로 차 있다.⁴ 우리의 시대는 우리를 만들어 간다. 마르틴 부버(Martin Buber)의 표현을 사용하자면, 시대는 우리에게 "운명을 안겨주고", "우리에게 일어나는 사건에 대한 응답을 요구하는 메시지이다."⁵

다른 시대를 살았던 선대 사람들의 세대가 그랬던 것처럼, 우리의 시대는 우리 시대의 사람들이 개별적 정체성을 가질 뿐만 아니라, 우리의 시대가 차별화된 정체성을 지니고 있음을 상시키키며, 시대의 방식에 따라 응답할 것을 요구한다.

약 반세기 전에 극작가 크리스토퍼 프라이(Christopher Fry)는 인간의 시대가 줄 수 있는 영향력을 포착했다. 프라이의 연극 "죄수들의 잠"의 마지막 부분에서, 전쟁포로 네 명 중에서 가장 나이가 많은 조 메도우스(Joe Meadows)라는 인물은 밤과 낮이 바뀐 삶을 살면서 다음과 같이 말하고 있다.

> 인간의 마음은 하나님의 깊이로 갈 수 있다
> 우리는 어둡고 차가울 수도 있지만, 이것은
> 겨울이 지금은 아니다. 얼어붙은 수백 년의 비참함은
> 깨지고, 금이 가고, 움직이기 시작한다
> 뇌성은 큰 빙산의 천둥
> 해빙, 홍수, 갑작스러운 봄이다
> (모순을) 모든 곳에서 우리가 직면할 때

---

4 See, for example, Carolyn Forche, ed., *Against Forgetting: Twentieth Century Poetry of Witness* (New York: W.W.Norton & Co., 1993).
5 Martin Buber, *Between Man and Man*, trans. Ronald Gregor Smith (London: Routledge & Kegan Paul, 1947), pp. 9, 10.

> 인간이 가질 수 있는 영혼의 가장 긴 걸음을 우리가
> 선택하기 전에, (모순이) 우리를 떠나지 않을 때
> 하나님께 지금 감사하라 모순을
> 사건들은 지금 영혼의 크기이다
> 진취적 일은 하나님 속으로의 탐험이다.[6]

반어적으로, 메도우스의 성찰은 인간 역사를 통해 시대에 적용된다. 시대는 항상 우리를 만나기 위해 다가오며 사건들은 항상 '영혼의 크기'였다. 과제는 항상 살아계신 하나님께 대한 인간의 충실을 도출하는 방식을 탐구하는 것이었다. 만약 내 자신의 기독교적 전통을 가지고 설명한다면, 그 전통의 역사는 이것을 확증한다.

첫 번째 천년이 시작했을 때 나사렛 예수님은 인류 문명에 도전적 세계를 소개하고 있었고, 일련의 성경 구절들이 기록되고 있었으며, 이 새로운 종교 공동체는 유대교와의 관계를 파악하기 위해 애쓰고 있었다.

두 번째 천년의 동이 트고 확연한 일광의 빛으로 등장했을 때, 교회는 훗날 르네상스운동을 일깨우고, 점진적으로 종교개혁을 자극했던 스콜라 철학의 시대로 접어들었다.

세 번째 천년에 무엇이 우리를 기다리는지 말하는 것은, 어쩌면 생각만으로도 너무 이르다. 그럼에도 불구하고 이제 종말을 고하는 현재의 세기와 막 시작하려는 새로운 시대는 자신만의 요소들로 형성된 성좌(星座)를 가지고 있다. 나는 주빌리에 관한 차후의 장들을 서로 연결하기 위해 오늘날 존재하는 이런 성좌에 대해 서술하려고 한다. 틀림없이

---

6 Christopher Fry, *A Sleep of Prisoners* (New York: Oxford University Press, 1951), pp. 47-48.

독자들은 현재의 성좌는 불완전하므로 우리의 사회적, 지리적 위상과 다른 주제들이 여기에 포함되기를 원할 것이다. 그럼에도 불구하고 내가 언급하는 각 주제들은 한 세기가 끝나고 새로운 세기가 시작되는 시기에 종교적 반응을 요구하는 보편적인 메아리를 가지고 있다. 각각의 주제들은 내가 이후의 장에서 주빌리에 대한 응답의 제안으로서, 어디에나 있는 종교적 그리고/또는 영적인 사람들에게 도전을 주는 역할을 할 것이다.

이런 주제들은 정치와 경제적 요청, 인간다운 삶의 강조, 신중한 개선책, 창조적인 힘, 그리고 종교적 소명을 포함한다. 이런 요청은 해방이며, 강조는 연결됨이고, 개선책은 고통이며, 힘은 상상력 그리고 소명은 티쿤 올람(*tikkun olam*), 즉 세상의 수선(repair)이다. 나는 이제 2000년도와 더불어 동터오는 새로운 시대를 향해 심오하게 도전하는 세기의 주제를 가지고 시작하려고 한다.

2. 해방

우리 세기의 종교적 역사가들은 1960년대에 시작해서 오늘날까지 계속되는 해방신학이 세계 도처의 종교적 지형을 재편성했음을 이미 충분하게 밝혀왔다. 남미에서 시작한 해방의 요구는, 특히 브라질과 같은 나라에서 등장한 작은 그리스도인 공동체, 곧 가난한 자 중에 가장 가난한 사람들에 의해 분명하게 표현되었다.

페루의 구스타보 구띠에레즈(Gustavo Gutiérrez)는 이 운동에 목소리를 보탰고, 그의 대표작 『해방신학』(*A Theology of Liberation*)[7]에서 이 운동에 대한 세계적 주목을 이끌어냈으며, 심지어 콜럼비아의 메델린과 멕시코의 푸에블라에서 열렸던 가톨릭주교협의회에서도 이 운동을 확인하고 공식적으로 재가했다. 결국, 기초 기독교 공동체 운동(*the comunidades de base*)의 영향으로 인해 해방은 종교적 실재로서 전(全)세계로 퍼져나갔다.

1990년대가 시작될 때까지 해방신학과 가장 많은 소통을 했던 미국의 신학자 중의 한 명인 로버트 브라운(Robert McAfee Brown)은 소에토, 마나구아, 마닐라와 서울에서 온 신학자들이 "인종적, 경제적, 그리고 정치적 불의에 저항하는 그들의 투쟁에서"[8] 자유와 해방을 요구했다고 보고한다. 이런 부르짖음은 세 개의 중요한 문서를 포함해서 다양한 방식으로 표출되었다.

첫째, 1985년 남아프리카의 신학자들은 인종차별의 종식을 요구하는 「카이로스 문서: 교회들에 대한 도전」(*The Kairos Document: A Challenge to the Churches*)을 발표했다. 1988년에 「카이로스 중앙 아메리카: 세계 교회에 주는 도전」(*Kairos Central America: A Challenge to the Churches of the World*)은 기본적인 종교적, 신학적, 그리고 경제적 관심을 가난한 사람들에게 베풀 것을 중앙 아메리카 교회들에 권고했다.

둘째, 1989년 필리핀, 대한민국, 나미비아, 남아프리카, 엘 살바도르, 과테말라, 그리고 니카라구아의 투고자들이 모여 만든 「국제 카이로스」(*Kairos International*)는 가난한 사람들에 의해 추구되는 해방이 종교

---

7 Gustavo Gutiérrez, *A Theology of Liberation* (Maryknoll, N.Y.: Orbis Books, 1973).
8 Robert McAfee Brown, "Kairos International: Call to Conversion," *Christian Century* (November 22, 1989):1091.

적일 뿐만 아니라 정치적이고 경제적이라는 확신을 강조했다.

셋째, 또 다른 카이로스 문서는 우리 시대 식민주의가 "정치적 통제보다는 경제적 통제를 포함하고… 그것은 전세계적으로 다국적 기업, 불공정 무역 장벽들과 핵무기로 무장한 군사기지라는 특징을 지닌다"[9]고 지적한다. 이 문서는 이런 상황에 대해 대처하고, 점차 커져가는 제국주의에 대해 저항하는 의식 있고 조직화된 사람들의 해방 운동은 "새로운 역사적 주체가 등장하는 시대가 도래하고 있음을 의미한다"[10]고 그 신념을 언급한다.

교육 분야에서 이와 같은 시대의 도래는 브라질의 교육가 파울로 프레이리(Paulo Freire)에 의해 쓰여졌고, 20세기 위대한 교육에 관한 고전 중 하나인 『페다고지』(*Pedagogy of the Oppressed*)[11]에서 잘 묘사되고 설명되었다. 프레이리는 이 책과 그의 다른 저서에서 인쇄된 글뿐만 아니라 자신의 세상을 읽고 표현할 수 있는 능력을 설명하고 있다.

자신의 교육 실천과 철학이 상당히 진보적이어서 종종 투옥되었던 철학자 프레이리(Freire)는 그가 소위 교육의 '은행저축이론'이라 지칭했던 것을 비판한다. 즉, 은행에서 돈을 인출하기 위해 발행하는 수표처럼 자료들을 사람의 머릿속에 두었다가 시험이 다가오면 끄집어내는 것을 의미한다. 이와 다르게, 그는 '대화적' 교육을 제시하는데, 이것은 인간이란 존재의 이유만으로 대상이 아닌 '주체가 될 소명'을 가지고 있다는 믿음에 기초한 교육의 한 형태이다. 이런 접근은 교육적 결과로서 해방을 제시하고 있다.

9　Ibid.
10　Ibid.
11　Paulo Freire, *Pedagogy of the Oppressed* (New York: Herder & Herder, 1970). 또한 그의 저서를 보라 *Education for Critical Consciousness* (New York: Seabury Press, 1973).

미국에도 우리만의 예증들이 있다. 금세기 하반기에 많은 희생자들의 피로 영원히 얼룩지게 한 인권운동은 다수의 미국 사람들이 아직 더 개선되어야 할 일들이 많다고 인정하지만, 수많은 흑인들의 삶을 법적으로 바꾸어 놓았다.

제시 잭슨(Jesse Jackson) 목사는 이 나라의 학교들을 찾아다니며 젊은 이들에게 '나는 괜찮은 사람이다,' 즉 '나는 주체가 될 소명을 가지고 있다'라고 고백하도록 가르치며, 체계적이고 제도적인 인종차별에 계속적 도전을 함으로써 '더 많은 것'을 구체화한다.

장애를 가진 사람들은 휠체어를 위한 경사로와 건널목 가장자리에서, 현대적 성사(sacramentals)를 발견한다. 그들은 또한 강제하는 입법을 통해서 고용 기회를 얻어 전례 없었던 많은 직업의 기회를 갖게 된다.

게이와 레즈비언 남성, 여성, 청소년들 또한, 비록 그들의 자유를 위한 투쟁과 보호적인 입법이 최소화될 수 있다는 두려움 속에서도, 법에 의거하여 전에 없는 보호를 받고 있다.

많은 이들에게 가장 중요한 20세기의 해방운동 중의 하나는 모든 인종과 계급에서 여성과 노인과 젊은이들이 자신들의 이류(second-class) 신분이 끝났다고 정부와 군대, 기업과 종교계, 그리고 모든 다른 기관들에 선언했다는 사실이다.

금세기에 우리가 성인 시민으로서 특권을 행사할 만큼 자유롭게 되었을 때, 미국과 세계 도처에 있는 여성들은 결국 완고한 사회가 오랫동안 받아들이기를 거부했던 충만한 인류의 공헌을 이루게 될 것이다. 금세기가 끝나면서, '나는 괜찮은 사람이다'라고 외치는 가장 크고 분명하며 강하게 외치는 사람들 가운데는 여성과 소녀들이 있다.

나의 요점은 해방이 우리 시대의 하나의 주제, 아마도 최고의 그(the) 주제라는 것이다. 그러나 해방 또한 주빌리 영성에 핵심이다. 제4장에서 자유를 숙고하면서 우리는 해방을 직접 다루지만, 해방은 자유를 선포할 때 유일하거나 배타적으로 발견되는 것은 아니다. 대신에 해방은 다른 모든 주빌리 원리 안에 존재한다. 우리는 그것이 토지를 쉬게 하는 것 그래서 토지를 해방시키는 데서, 용서에서, 정의에서, 그리고 기쁨에서 나타난다는 것을 발견할 것이다.

3. 연결됨

금세기 초기 수십 년 동안은 개인이 중심점을 차지했다는 느낌이 든다. 서구 사회는 자아(ego)의 출현에 초점을 맞추고 세상이라는 공동체에서 우리 자신을 대상이 아닌 주체로서 표출하는 것을 옹호하였다. 비록 개인의 심리적 치료에 대한 인식이 널리 인정되었고, 해방과 더불어 이런 발견들은 개인의 통전성(wholeness)에 관한 중요한 자원임을 증명하지만, 새로운 것은 아니었다. 우리 시대 수백만의 사람들이 자신의 상처난 부분을 언급함으로써 쇠약하게 하는 외상(trauma)에서 치유 받고 있다.

그러나 최근 몇십 년간 이런 치유의 작업을 자기도취 또는 방종으로 여기는 비평이 쏟아졌다. 자조(self-help) 그룹들이 면밀하게 조사되었다.[12] 『나는 기능장애이고 당신도 기능장애입니다』(*I'm Dysfunctional,*

---

[12] 소그룹에 관한 주의깊은 연구를 위해 Robert Wuthnow, *Sharing the Journey* (New York: Free Press, 1994)를 보시오.

*You're Dysfunctional)*는 최근에 발행된 책의 제목이다.[13] 그리고 그전에 비판된 책은 『자기도취의 문화』(*The Culture of Narcissism*)이다.[14] 이런 책들에 대한 비평은 영혼의 '그림자'가 개인의 감춰진 영역보다 더 많은 것을 반영하고 있다는 확산된 인식을 기반으로 비롯되고 있다. 우리 모두는 각자의 숨겨진 부분들을 서로에게 제시한다. 시인 안토니오 마차도(Antonio Machado)는 다음과 같이 제안한다.

> 항상 당신 곁에서 걷고 있는
> 그리고 당신과 다른 사람이 되려는
> 당신의 또 다른 반쪽을 찾으시오.[15]

개인(individual)이라는 단어는 여기서 사람(person)으로 대치된다. 그리고 사람이란 의미상 무엇인가에 연결되어 있는 그 누군가, 즉 존재한다는 것은 누군가와 함께함(*esse est co-esse*)을 깨닫는 누군가를 의미한다. 그렇다! 나는 그 누군가이며, 고립된 개인주의 속에 홀로 서 있지 않다. 오히려, 나는 당신의 누이나 형제인 그 누군가이다. 나는 나 자신에게뿐만 아니라 여러분에게 모든 실제는 관계적이라고 상기시킨다.

1992년 4월 로스엔젤레스 폭동에서 로드니 킹(Rodney King)은 이것을 특별한 설득력을 가지고 잘 나타내고 있다. 사무엘 베켓(Samuel

---

13 Wendy Kaminer, *I'm Dysfunctional, You're Dysfunctional: The Recovery Movement and Other Self-Help Fashions* (Reading, Mass.: Addison-Wesley Publishing Co., 1992).
14 Christopher Lasch, *The Culture of Narcissism: American Life in an Age of Diminishing Expectations* (New York: W.W. Norton & Co., 1978).
15 Antonio Machado, "Moral Proverbs and Folk Songs," in *Times Alone*, trans. Robert Bly (Middletown, Conn.: Wesleyan University Press, 1983), p. 147; quoted in Robert Bly, *Iron John* (Reading, Mass.: Addison-Wesley Publishing Co., 1990).

Beckett)의 연극에 등장하는 한 배우가 말하는 것처럼, 킹은 "우리는 모두 여기에 함께 묶여 있습니다", "우리 모두 함께 잘 지내도록 노력할 수 없나요?"라고 호소했다.

한 세기가 마무리되는 시기에 연결됨이 우리의 또 다른 사고방식의 가장 중요한 특징이 된다. 곧, 우리는 주빌리 전통, 곧 '땅으로 하여금 쉬게 하라'를 직감하면서 연결됨이 우리를 초월하여 인간에서 지구로 확장된다는 것을 인식하게 된다. 인간이 한때 무분별하게 자연을 착취했고, 환경에 더 이상 상처는 없어야 한다는 신념에서 20세기는 그런 비양심의 전환을 우리에게 과제로 남겨 놓는다.

『컬러 퍼플』(The Color Purple)의 셀리(Celie)가 마지막 편지에서 "사랑하는 하나님, 별들, 나무들, 하늘, 사람들에게. 사랑하는 모든 것들에게. 사랑하는 하나님께"[16]라고 연관성을 정리했던 것처럼, 우리는 지금 우리가 공기, 물, 토양, 불, 모든 것과 긴밀하게 연결되었음을 인식한다.

1990년대 초에 환경문제에 관심을 가지고 전 세계에서 모인 사람들과 현재 환경을 말하는 수 많은 전문가들이 참석한 '리오 지구 정상회담'(Rio Earth Summit)은 우리 모두가 지구의 생태 시스템의 영향 아래에 있으며, 만약 한 사람이 영향을 받는다면, 우리 모두에게 영향을 끼치는 것이라는 확신을 우리에게 준다.

약 20여 년 전 "성장의 한계"라는 논제를 펼쳤던 세 저자 중의 한 사람인 데니스 메도우스(Dennis Meadows)는 당시에 물과 토지, 그리고 공기와 같은 지구상의 자원들을 파괴하지 않는 사회를 만드는 데 2030년이나 2040년 경까지 시간이 우리에게 있을 것이라고 생각했다고 말한

---

16 Alice Walker, *The Color Purple* (New York: Washington Square Press, 1982), p. 249.

다. 이제 그는 새로운 태도가 훨씬 더 짧은 시간 내에 아마도 2012년까지 자리잡아야 한다고 생각한다.[17]

오늘날 우리가 접하는 연결성에 관한 특징들 가운데 하나를 메사추세츠 주 메리맥대학의 교수인 파드레익 오헤어(Padraic O'Hare)는 서술한다. 1991년 1월, "사막의 폭풍"이라는 작전이 시작된 다음 날 오헤어는 종교학 수업에 들어가서 학생들이 무엇을 생각하고 어떻게 반응하는지 궁금해서 걸프 전쟁의 시작에 대해 논의해 보았다. 그러나 생각을 바꿔서 그는 기도를 제안했다. 오헤어는 자신들의 기도가 "사막의 폭풍"이 작전대로 수행되는 것을 막을 수도 있는 하나님께 마술적인 조종을 시도하는 것은 아니라고 설명했다. 대신, 기도가 그들을 주의 깊고 의식하게 만들기 때문에 기도해야 한다고 제안했다.

기도는 우리로 하여금 멈추게 하고, 속도를 늦추게 만들며, '깊은' 경청을 하게 한다. 기도는 특별한 종류의 자각(awareness)이며 의식일 수 있다. 왜냐하면 만약 우리가 구도자(bodhisattva)의 눈과 마음을 가지고 기도한다면, 심지어 우리 중 한 명이 취하는 어떤 행동을 통해 우리 모두가 연결되어 있음을 인식하기 때문이다.

우리 인간은 하나의 연민 어린 행동으로 지구상의 모든 이를 위한 결과를 도출할 수 있는 종(species)에 속한다. 어떤 잔인한 행동은 우리 모두에게 영향을 준다. 오헤어는 학생들에게 그런 깨달음이 단지 그들이 평화를 유지하거나 평화를 만드는 것뿐만 아니라 평화가 되는 것에 관심을 갖게 할 것이라고 말했다.[18]

---

17 Dennis Meadows, quoted in "Humanity Confronts Its Handiwork: An Altered Planet," *New York Times*, May 5, 1992, sec. C, p. 6
18 Padraic O'Hare's reflection is found in the *Alternative Newsletter* 17, 3 (January 1991): 2-3. 또한 그의 저서 *Busy Life, Peaceful Center* (Allen, Tex.: Thomas More/

불교 승려 틱 낫 한(Thich Nhat Hanh)의 사상에 의지하여 오헤어는 학생들에게 '사막의 폭풍'은 그의 손에 쥐고 있는 종이와 같은 것이라고 말했다. 그런 다음 그는 낫 한의 가르침을 인용했다.

> 만약 당신이 시인이라면 이 종이 위에 떠다니는 구름이 있음을 분명하게 볼 것입니다. 구름 없이는 비가 없고, 비 없이 나무들은 자랄 수 없습니다. 나무들 없이 우리는 종이를 만들 수 없습니다. 구름은 종이가 존재하기 위해 필수적입니다. 만약 우리가 이 종이를 좀 더 깊이 관찰한다면 우리는 그 안에서 햇빛을 볼 수 있습니다. 햇빛 없이 숲은 무성할 수 없습니다. 그래서 우리는 햇빛 또한 이 종이 안에 있음을 압니다…. 만약 우리가 계속해서 본다면 우리는 나무를 자르고 그것을 종이로 변형시키기 위해 제재소로 가져온 벌목꾼을 봅니다. 그리고 우리는 밀을 봅니다. 그 벌목꾼은 그의 양식인 빵 없이 존재할 수 없습니다. 그러므로 그의 빵이 되었던 밀은 또한 이 종이 안에 있습니다. 그 벌목꾼의 아버지와 어머니도 역시 그 안에 있습니다.[19]

그런 다음 오헤어는 연결시킨다. 그 차갑고 두려운 1월의 아침, 그는 그의 학생들에게 "우리는 모두 '사막의 폭풍 작전' 안에 있습니다"[20]라고 말했다.

Tabor, 1995)를 보시오.
19 Thich Nhat Hanh, *Peace Is Every Step* (New York: Bantam Books, 1992), p. 95.
20 O'Hare, in *Alternative Newsletter* 17, 3:2-3.

다음에 이어질 장에서 우리는 연결됨이라는 주제가 어떻게 오늘날의 인간 공동체에 도전적인 역할을 하며, 주빌리를 통해 어떻게 다시 등장하게 되는지를, 특별히 토지의 휴경과 용서 그리고 정의의 추구를 통해 보게 될 것이다. 그러나 나는 지금 세 번째 주제에 접근한다. 해방, 연결됨과 더불어 20세기는 우리에게 고통이라는 신중한 개선책으로 도전한다.

4. 고통

세상에서 악(evil)을 감소시키는 일에 당위성을 깨닫는 사람들은, 특히 '의욕적인'(can-do) 미국에서 자랐다면, 종종 즉각적인 행동을 취하려고 한다. 해방과 연결됨은 사람들을 이 방향으로 인도한다. 그러나 20세기는 세 번째 실재에 대한 인식을 세상에 강화시켰는데, 대중매체로 인해 이전 시대들보다 좀 더 분명해지고 만연해지게 되었다. 이것이 바로 시인 버질(Virgile)이 라끄리마이 레룸(*lacrimae rerum*), "사물의 눈물"이라고 불렀던 고통과 아픔의 편재(omnipresence)에 관한 인식이다.

우리가 고통에 반응해 행동하고 또한 행동해야 할 때, 20세기는 고통에 관한 신중한 개선책과 더불어 우리가 침착하고 부드럽게 행하고, 침묵을 훈련하며, 내면적인 재능에 의존할 것을 가르치며 사라지고 있다 (너무 성급하게 이해하지 않도록 하자. 우리는 서로를 사랑하든지 또는 죽든지 해야만 한다. 왜냐하면 우리는 고통과 대면해 행동하기 때문이다. 그러나 자체로 돌아오는 친근한 속담 안에 역시 지혜가 있다. 곧, "그냥 어떤 일을 하지 마십시고, 그곳에 서십시오").

이 신중한 개선책은 세상의 비참함 앞에 쉬운 해결책이란 존재하지 않는다는 것과 모든 사람들의 재능이 상처를 치유하는 모든 시도 속에서 필요하다는 것을 우리에게 상기시킨다.

비록 끝나가는 금세기의 많은 부분들이 우리로 하여금 해방과 연결될 것을 재촉할지라도, 20세기는 또한 이런 움직임에 극렬히 저항하면서 피로 얼룩지고 상처가 난 모습으로 사라지고 있다. 두 번의 세계대전이 이것을 증명한다. 하나는 준수되지 않는 휴전이고, 다른 하나는 소이탄 폭격으로 인한 드레스덴과 함부르크에서에서 발생한 끔찍한 민간인 대량 학살과 히로시마와 나가사키의 파괴와 더불어 도시 민간인들에 자행된 살상이다.

보스니아가 증명하고 쿠웨이트가 증명하며 르완다가 증명한다. 베트남 전쟁 역시 자국의 황폐화와 그 전쟁으로 인해 발생한 미국의 분열, 전쟁 참전 용사와 그들의 배우자, 부모, 자녀들에게 지나치도록 짓누르는 고통이 증명한다. 믿을 수 없는 공포의 응어리, 곧 유럽 유대인에 대한 대학살은 20세기의 얼굴에 오점과 셀 수 없고 표현할 수 없으며 이해할 수 없는 악의 균열을 남기고 있다.

다가오는 주빌리에 도전이 되는 20세기 주제들 가운데 하나로 나는 고통의 문제를 포함시킨다. 왜냐하면 고통의 문제는 저물어가는 한 세기의 성좌(星座)를 형성하는 또 다른 요소를, 즉 우리 주변에 있는 죽음과 아픔에 관한 인식을 추가하기 때문이다. 아픔과 죽음을 다루는 행동들을 선택하기 전에 고난은 두 가지의 선험적 응답을 요구한다.

첫째, 고통은 우리를 멈추게 한다. 우리의 삶의 속력을 늦춘다. 인간의 고난에 우리가 직면해서 우리가 고통의 실재 속에 있을 때, 우리는 평상시의 반응 방식을 상실한 우리 자신을 발견한다. 비록 늘 계속되는 것이지만, 고통스럽고 폭력적이며 예상치 못한 죽음은 일상적이지 않고 평범하지 않다. 이러한 일들은 대안과 선택 그리고 짧은 대화를 필요로 한다. 이것들은 침묵, 곧 존경스럽고 경건한 침묵을 의미한다. 또한 의식(rituals), 특히 애도하고 슬퍼하며 우는 의식을 의미한다.

둘째, 고통은 우리에게 두려움과 공포의 통로이다. 고통이 오면 어떤 결과로 끝날지 우리는 알 수 없다. 고난이 무엇을 의미하는지 거의 확실하지 않다. 그러나 우리가 고통을 좋아하지 않는다는 것은 확실하다. 1973년 어니스트 벡커(Ernest Becker)는 이 문제를 연구한 책, 『죽음의 부인』(The Denial of Death)을 출간하여 퓨리처 상을 받았다.

삶과 죽음에 관한 우리의 경험을 직면하는 것은 존재의 공포를 직면하는 것이라고 그는 지적했다. 그런데 종종 너무 힘들어서 공포를 직면하지 못하고 벗어나기 위해 우리는 술을 마시고 약을 복용하거나 혹은 그와 비슷한 것에 도달할 수 있는 상품들을 소비하는 데 우리의 시간을 보낸다.[21]

고통은 침묵과 의식(ritual)을 요구한다는 신념과 관련해서 우리가 반응해야 하는 고난을 인식할 때, 슬퍼하거나 비탄해 보지 않았기 때문에 우리가 종종 반응할 수 없다는 사실에 주목하는 것이 중요하다. 금세기에 예전적(liturgical) 양식을 가진 사람들이 고안한 정의(justice)를 위한 행동들 가운데 가장 위대한 공헌 중 하나는, 어린이들에 대한 건강 복지를 거부하거나 사형 신청서로 살인자를 살인하며, 무기를 판매하는 이런 광기에 항거하는 시위대에 앞장 서서 "멈춰!"라고 정기적으로 반대한 것이다. 소위 행동주의자들은 종종 밤새도록 기도하고 불침번을 서

---

21 Ernest Becker, *The Denial of Death* (New York: Free Press, 1973), p.284.

며 애도한다는 것이다. 왜냐하면 고통은 이런 의식(ritual)을 요구하기 때문이다.

베트남전쟁기념관에서 기도의 행렬을 만들었던 사람들, 그리고 자신의 손가락 끝으로 죽은 이들의 이름을 찾았던 사람들은 누구라도 이런 위대한 치유의 성례의식의 힘을 알고 있다.

고통은 공포의 현실에 직면하는 일이 개인적으로든 혹은 공동체적으로든 홀로 감당하는 것이 아니라는 것을 가르친다. 왜냐하면 고통에 대한 응답에 모든 사람들의 지혜가 필요하기 때문이다. 약 10여 년 전 세계교회협의회(World Council of Churches)가 호주의 시드니에서 열렸을 때, 당시 하버드신학대학원의 학장이었던 크리스터 스텐다할(Krister Stendahal)은 문제(issue)가 테이블에 올라올 때마다 네 가지 구별되는 반응이 존재한다고 언급했다.

남미 사람들은 일상적인 열정을 가지고 응답했고, 아프리카인들은 공동체를 위한 시사점이 무엇인지 물었으며, 아시아인들은 명상적인 인식 상태에서 조용히 성찰했고, 북미 사람들은 "우리는 무엇을 할 것인가요?"[22]라고 물었다. 스텐다할의 회상의 요점은 이런 반응들로 갈등을 불러일으키려는 것이 아니다. 대신, 우리는 네 가지 관점 모두가 필요함을 주목하기 위해서다. 고통에 대응할 때 우리는 열정과 공동체, 관조적인 존재 그리고 적극적인 중재가 필요하다.

이런 주제들은 우리가 토지로 하여금 쉬게 하고, 무엇이 누구에게 속하는지 발견하고, 토지를 되돌려주는 예언적 정의의 과업에 직면하라는 주빌리 권고를 다룰 때 다시 등장한다. 또한 용서의 요소인 회개와

---

22 이 일화는 다른 사람에게로부터 전해 들은 어떤 사람에 의해 내게 전달되었다. 나는 그것에 관해 더 이상 추적할 수 없었다.

애통을 퍼뜨린다. 이런 주제들은 심지어 위대한 축제를 거행하고 '주빌라테'(*Jubilate*)를 부르라는 마지막 명령과 우리가 하나님의 도성을 세우려고 할 때, 우리의 눈물이 춤으로 변할 수 있다는 사실을 발견하면서 다시 등장한다.

그러나 주빌리 전통에 대비하고, 많은 사람들의 지혜를 모아 고통에 대한 반응들을 형성할 때, 우리는 네 번째 주제의 특징을 실행하기 위해 그 방식들을 통합하고 있는 우리 자신을 발견하게 된다. 해방, 연결됨, 그리고 고통에 대한 신중한 개선에 비추어 우리의 세기는 우리가 95여 년 동안 속박을 풀었던 창조적 힘을 끄집어내도록 자극한다. 우리의 시대는 예술적인 상상력을 사용하도록 우리를 가르친다.

5. 상상력

20세기는 여러 측면에서 상상력의 축제를 위한 조건들을 창출했다. 세기가 끝나면서 제임스 비야스(James Lee Byars), 조즈 베이스리츠(George Baselitz), 그리고 낸시 루빈(Nancy Rubin)과 같은 예술가들은 우리에게 새로운 비전을 부여했다.[23] 심지어 칠레, 자이레, 니카라구아와 같은 나라에서의 대중적 예술은 성과물을 만들어냈는데, 그 작품들을 통해 농부와 노동자들이 정치적 억압에 맞설 수 있었다.[24] 게다가, 과학

---

23 비야스의 매우 창의적인 작품들은 뉴욕의 마이클 워너 화랑이 소장하고, 베이스리츠는 구겐하임 미술관에서 중요한 회고전을 가졌다(1995년 6월). 누구에게 물어도 루빈은 1995년 「휘트니 바이에널」(Whitney Biennial)의 가장 현저한 공헌이다.
24 칠레와 자이레 사람의 작품을 위해서 다음을 보시오. Guy Brett, *Through Our Own Eyes* (Philadelphia: New Society Publishers, 1987). 니카라구아인의 작품을 위해

과 기술은 그 끝이 어디에서도 보이지 않는 전대미문의 발명품들을 만들어냈고, 사진, 영화, 텔레비전은 이미지의 대중 소통이 매일의 상황에서 가능하게 했다.

모든 중요한 실재들처럼 이런 일을 만들어내는 상상력은 복잡하고 모호하다. 폴 리꾀르(Paul Ricoeur)는 상상력의 긍정적이고 활기 넘치게 하는 능력에 관해 성찰하면서, 상상력이란 세상을 보는 우리 비전의 결정적인 변화를 재촉하는 심오한 일들의 핵심이라고 기록했다. 모든 실질적인 개종(conversion)은 처음에 우리의 직관적인 이미지 수준에서 일어난다고 주장하면서, 인간은 그들의 상상력을 바꿈으로써 실재를 변화시킬 수 있고 "가능성을 상상하면서 인간은 자신들의 고유한 존재의 예언자로서 행동한다"[25]고 리꾀르는 믿는다.

상상력은 또한 거대한 정치적 힘을 가질 수 있다. 그럼에도 불구하고 수잔 손택(Susan Sontag)은 문제가 될 수 있는 사진의 성질에 관해 성찰하면서 심지어 움직임 없는 사진도 특권의 순간을 포착할 수 있고, 그런 다음 그 순간을 수백만의 사람에게 접근이 가능하게 만든다는 가정을 존중한다고 주장한다.

한가지 예로서, 그녀는 "미국에서 뿌린 네이팜탄으로 인해 벌거벗은 남베트남 어린이가 손을 벌리고 고통 속에 소리 지르며 카메라를 향해 고속도로를 내달리는, 1972년 세상의 거의 모든 신문의 커버 페이지를 장식했던 사진과 같은 것들은 필시 전쟁에 반대하는 공적인 조처를 급속히 증진시키는 데, 텔레비전으로 방송된 수백 시간의 잔인한 행동보

서 다음을 보시오. Philip Scharper and Sally Scharper, eds., *The Gospel in Art by the Peasants of Solentiname* (Maryknoll, N.Y.: Orbis Books, 1984).

25 다음을 보시오. Paul Ricoeur, "The Image of God and the Epic of Man," in *History and Truth* (Evanston, IL.: Northwestern University Press, 1965), p. 127.

다 더 많은 효과를 가져왔다"[26]고 제시한다.

마찬가지로, 중국의 1989년 학생폭동에서 천안문 광장의 탱크 앞에서 단호한 용기를 갖고 혼자 조용히 서 있는 인물의 이미지는 세상이 그 폭동의 성질을 단 하나의 이미지를 통해 인식하게 만들었다. 달에서 바라본 지구의 이미지는 그것을 연구하는 모든 사람에게 우주에서 우리는 우리 사이에 그 어떤 본래적인 경계가 없는 연결된 바다속에서 거주하고 있다는 논쟁할 수 없는 증거를 보낸다.

이와 대조적으로, 우리는 다른 상황들에서 상상력과 이미지의 역할로 무엇을 만들 것인가?

서로 간의 시간적 간격이 가까웠던 1994년 여름의 세 가지 사건은 많은 사람들로 하여금 이런 질문을 하게 만들었다. 6월 말경 흰색의 포드 자동차 브롱코(Bronco)[27]가 산타 모니카 도로를 따라 달릴 때 전 세계 수백만의 사람들은 몇 시간 동안 이를 지켜보았다. 캘리포니아 주 브렌트우드 어느 집의 도로에 주차되었던 차의 영상을 보기 위해 눈을 떼지 못하고, 많게는 여덟 채널을 옮겨 다니던 시청자들의 열광은 대낮의 해빛이 어두어지고 나서야 끝이 났다.[28]

그 후 7월 말의 어느 주중에 훨씬 놀랍고 끔찍한 이미지들을 우리는 보게 되었다. 천문학자들이 거대한 산과 같은 크기의 혜성 덩어리가 목

---

26 Susan Sontag, *On Photography* (New York: Dell Publishing Co., 1978), p. 18.
27 이 장면은 1994년 O.J. 심슨이 전 부인, 그녀의 남자친구 살해 혐의를 받고 경찰의 출두명령에 불복한 채 친구가 운전하는 SUV를 타고 도주하는 상황이다. 고속도로에서 그를 태우고 달아나는 백색 포드 브롱코와 경찰 간의 추격전이 한 시간 가까이 계속되었으며, 고속도로 상공에는 방송국의 취재 헬기들이 이 극적인 장면을 전국에 생중계한 사실을 묘사한 것이다 - 역주.
28 이 사건에 관한 루이스 래펌의 훌륭한 주석을 보시오. "Notebook: Terms of Endearment," *Harper's*, September 1994, pp 7-8.

성과 충돌하였을 때 발생하는 폭발을 보고 "그런 것을 본적이 없다고" 말했던 동일한 시간에, 폭력적인 죽음의 홍수[29]와 학살을 피해 겁에 질린 채 도망치는 수천만의 난민들을 보고 "그런 것을 본 적이 없다고" 구조대원들도 세상에 알리고 있었다.[30]

이런 사건들은 이미지의 힘을 보여준다. 그러나 사건들은 또한 우리로 하여금 멈춰서 사건들이 만들어내는 위험을 재고하게 한다. 에세이 작가 폴 그레이(Paul Gray)는 "이미지가 지니는 위험은 그것들이 지니는 정보에 있는 것이 아니라, 우리가 한 번 그것을 보고 나면 전체의 그림을 본 것 같이 믿고자 하는 우리의 성향에 있다"고 지적한다.

사실은 시각적 시대로 많이 알려진 우리 시대에 "이미지는 우리가 이해해야 하는 방식에서 완성된 기억이나 지침을 동반하지 않는다는 점을 기억할 필요가 있다. 그리고 만약 우리가 이미지들을 바르게 이해해야 한다면 우리는 여전히 그 일을 우리 자신이 해야 한다는 점"[31]을 우리가 기억할 필요가 있다고 그는 결론 짓는다.

상상력은 이런 일을 위한 자리이다. 그러나 아이러니컬하게도, 그 상상력이란 단어는 때때로 우리의 창조적 힘을 방해할 수 있다. 왜냐하면 상상력은 이미지화하는 것, 보는 것, 그리고 새로운 비전을 제시하는 것을 강조하기 때문이다. 바라보기를 강조하다 보면 우리 삶과 괴리감을 줄 수 있다. 나머지 육체와 괴리된 상상은 우리 삶을 소외시킨다.

예이츠(W. B. Yeats)가 그의 기도에서 "하나님은 우리가 마음속에 홀로 품고 있는 생각으로부터 우리를 구원하신다. 오래된 노래를 부르는

---

29 첫 번째는 천문학자들이 혜성 폭발의 이미지를 묘사한 것이고, 두 번째는 르완다 내전 중 많은 사람들이 죽은 것으로 '죽음의 홍수'라는 이미지이다 - 역주.
30 Paul Gray, "Looking at Cataclysms," *Time*, August 1, 1994, p. 64.
31 Ibid.

사람은 골수 속에서 노래한다"[32]라고 언급했듯이, 이것이 바로 내가 선택하는 요점이다. 예이츠는 마음(mind) 또는 시각(eyes)에 반대하지 않는다. 그는 인간의 상상력은 인간의 신체가 지닌 모든 힘과 통일체로서 가진 모든 능력도 포함하는 것이라 주장하며 상상력을 편협하게 하는 것에 반대한다.

그러므로 나는 '예술적인'(artistic)이란 단어를 상상력에 첨가하겠다. 왜냐하면 예술적 특성은 신체적 관련성을 의미하기 때문이다. 예술성(artistry)은 듣기, 제스처, 그리고 신체적 움직임을 가정할 뿐만 아니라 조각에서의 접촉, 건축에서의 장소, 그림 그리기를 위한 '눈으로 느끼기,' 시와 드라마, 그리고 문학에서 필수적인 귀와 소리의 힘을 찬양한다. "인간의 느낌을 표현하는 형태의 창조,"[33] 곧 예술적 작업으로 유도하면서 모든 육신적 능력을 풀어놓는 가능성과 결합을 축하한다.

금세기 막바지에서 예술에 대한 이런 의미의 관련성은 비전이나 꿈꾸기, 과학이나 기술보다는 일련의 예술적 영향력들을 강조하는 것에 좌우된다. 예술적 영향력을 부정하지 않는다면, 이런 관련성은 더 깊은 차원을 내포하고 있다. 예술적 상상력은 꿈과 비전을 가지고 시작할 수는 있지만 그것으로 끝나지는 않는다.

오히려, 예술적 상상력은 비전과 꿈이 촉감과 장소 그리고 목소리를 통해 주의를 끌수 있는 구체적이고 육감적인 형태로 구체화되기를 요구한다. 그래서 나는 예술적 상상력을 주빌리를 위한 도전이라고 부른

---

32 William Butler Yeats, "A Prayer for Old Age," in *The Poems of W. B. Yeats: A New Edition*, ed. Richard J. Finneran (New York: Macmillan Publishing Co., 1983).
33 '이 용어의 정의는 수잔 랭거가 만든 것이다; 그녀의 다음 책들을 보시오. *Feeling and Form* (New York: charles Scribner's Sons, 1953) and *Problems of Art* (New York: Charles Scribner's Sons, 1957).

다. 왜냐하면 주빌리는 단지 보는 것으로 그치는 것이 아니라 나팔을 불어 자유를 선포하고, 용서를 구하고 사면하며, 정의를 위한 사랑으로 섬기고, 노래와 축하와 찬양으로 가득한 위대한 향연을 신체적 실천을 통해 준비하는, 체화되고(incarnated) 명백하며 현저한 신체적인 행위 전부를 의미하기 때문이다.

6. 세상을 수선하기

이런 신체적 행위들은 내가 언급할 마지막 주제의 내용, 곧 세상의 치유를 향한 종교적 소명이다. 금세기 초에, 알려진 바에 의하면 조셉 스탈린(Joseph Stalin)은 교황의 종교적 영향력을 거부하며 "교황은 얼마나 많은 구역을 가지고 있나?"라고 냉소적으로 물었다. 이와 유사하게, 샤(Shah, 과거 이란 왕 - 역주)의 통치하에 있는 이슬람 종교 지도자들을 연구하자는 미국중앙정보부(CIA)의 사려 깊은 제안들은 단순히 '사회학'의 문제로 치부되어 거절당했다. 이 두 경우는 경제와 군대의 힘, 그리고 정치를 선호하여 이 세상에 있는 종교를 거절한 사례들이다.

그러나 냉전이 끝나고 종교 갈등이 세상의 관심이 되기 시작하면서 종교의 영향력에 대한 새로운 관심이 증가했다. 예를 들면, 워싱턴에 있는 국제전략연구소(The Center for Strategic & International Studies)는 종교를 '정치가 놓치고 있는 면'이라고 분류하고, 갈등의 근원으로서의 종교적 차이에 대한 과소평가와 더불어 전쟁을 종식시키거나 평화로운 민주주의적 변화를 가져올 수 있는 촉매로서의 종교적 전통들, 기관들,

그리고 지도자들에 대한 무관심을 비난했다.[34] 한편으로 개인적 차원에서 여성들과 남성들은 개인적 삶의 깊이에 대한 갈망을 나타내고, 다른한편으로 우리 자신보다 더 위대한 실재에 대한 인식적 욕구에 새로운 관심을 기울인다.

바꾸어 말하면, 사람들로서, 공동체로서, 국가로서 오늘날 많은 사람들은 '부름'(call), 즉 종교적 소명의 실재에 관해 인식하고 있다. 이 소명에서 실패하거나 벗어나면 두려움, 정체(stagnation), 그리고 폭력으로 끝이 난다. 그러나 소명이 건전할 때 창의적인 능력의 사용으로 인하여, 해방과 연결됨, 그리고 우리 자신과 자신 너머의 고통에 대한 응답을 요구하는 에너지가 된다. 주빌리와 가장 상응하는 것으로 내가 건전한 종교적 소명이라 부르는 것은 유대교와 기독교 전통에 깊숙이 존재한다. 종종 창조 설화에서 제시되는 이 소명은 그 자체가 예술적 상상력의 결과이며 유대교 전승 안에서 틱쿤 올람(*tikkun olam*, 세상을 수선하기)으로 묘사되어 있다.

17세기의 유대교 신비주의자 아이삭 루리아(Issac Luria)는 틱쿤 올람을 설명한다. 태초에 우주의 창조자는 세상을 만들기로 결정하고 창조물이 존재할 수 있는 공간을 만들기 위해 신성한 숨을 들이쉬고 수축하였다고 그는 말한다. 그런 다음 창조주는 이 확대된 공간에 그릇들을 놓고 신성한 빛의 찬란함을 그릇들 안으로 내쉬었다. 그러나 그 불빛은 너무나 밝아서 그릇들은 찬란함을 담을 수 없었고 산산조각이 나서 전(全) 우주로 흩어졌다.

그 이후로 인간의 일은 창조의 파편을 줍고 '세상을 수선'하는 행위

---

34 다음을 보시오. Douglas Johnston and Cynthia Sampson, eds., *Religion: The Missing Dimension of Statecraft* (New York: Oxford University Press, 1994).

를 통해서 그릇들을 고치고 재구성하면서 우주로 돌아다니는 것이 되었다고 신화는 이야기한다.[35]

20세기를 마치고 21세기를 시작하는 우리에게 고통은 교훈을 준다. 곧, 우리 발 앞에 놓인 무수한 파편들, 그리고 어디서나 만나게 되는 모순과 함께 우리는 부서진 세상을 여행하고 있다는 사실이다. 그러나 우리는 서로뿐만 아니라 지구와도 연결되어 있음을 알고 있으며, 살아계신 하나님이 우리의 영혼에 예술적 상상력이라는 능력을 주셨다는 것도 아는 자유로운 주체로서 돌아다닌다. 이 종말/시작의 시간은 강화되고 성숙된 카이로스(*kairos*)의 시간, 곧 운명의 시간이다.

우리가 이 운명을 맞서서, 산산 조각난 그릇들을 맞추려는 우리의 멋진 시도들이 깨진 틈까지는 결코 완벽하게 제거하지 못할 것이라고 우리는 확인할 수 있을 것이다. 낡은 틈이 남아 있을 것이고 새로운 이음새와 갈라진 틈이 생길 수도 있을 것이다.

그럼에도 이것이 우리의 시도를 방해해서는 안 된다. 왜냐하면 만약 우리가 개선하려고 시도한다면 우리의 지문이 그릇들 위에 남아 있을 것이며, 우리의 삶과 일은 우리 자신, 다음 세대, 그리고 우리의 깨지기 쉬운 행성에 영향을 끼칠 것이기 때문이다.

---

35 티쿤 올람의 은유에 대한 소개는 나의 동료인 뉴욕 히브리연합대학의 쉐리 블룸버그에게서 도움을 받았다. 또한 다음을 보시오. Judith Plaskow, *Standing Again at Sinai: Judaism from a Feminist Perspective* (San Francisco: Harper San Francisco, 1990) 특히 제6장."Feminist Judaism and Repair of the World," pp. 211-38.

7. 제안

이런 수선(repair)의 일을 위한 매개로서 나는 성경의 주빌리를 제안한다. 앞으로 다가올 수십 년 안에 종교성을 띠는 모든 교육과 모든 통전적(whole) 영성도 본서의 서문에서 내가 제시했던 각각의 주제들에 귀기울 필요가 있을 것이다. 이 주제들은 교육을 거짓된 것으로, 영성을 값싼 것으로 전락시키는 낭만주의나 감상주의 혹은 경박함의 신호들을 발견하고 찾아낼 필요가 있을 것이다.

더구나, 진정한 종교교육과 올바른 영성은 현대적 삶의 중심에서 오랫동안 지속되는 노래로서 마음에 존재할 뿐만 아니라, 육체적 실천 안에 자리를 잡아서 예술적이고 창의적인 능력을 촉진해야 할 것이다. 비록 정치적, 종교적 삶이 종종 그것 자체의 특권을 인식하지 못하고, 신비적, 종교적 삶이 종종 사회적 세계를 인식하지 못할지라도, 신비적이고 정치적인 교육과 영성이 있어야만 될 것이다.[36]

치유와 기쁨이 있는 그럼에도 감상적이지 않은 바로 여기에 주빌리는 찾아온다. 곧, 어렵고 힘들지만 궁극적으로 지구와 그 속에 거주하는 모든 이의 외침에 대한 분명하고 구체적인 응답이기 때문이다. 점차적으로 주빌리는 용서, 자유, 정의, 그리고 기쁨의 시대로 안내한다. 그러나 그것은 하지 않음(not-doing), 즉 잠시 멈추고 땅으로 하여금 휴경하게 하려는 결심으로부터 시작한다. 그것은 침묵 속에서 시작한다. 다음 장에서 보게 되겠지만 주빌리는 우리로 하여금 다음의 십 년, 다음 세기, 그리고 다음의 천 년을 위해 준비하게 하는 안식일과 더불어 시작한다.

---

36 이 아이디어가 어떻게 발전되었는지를 보기 위해서 다음을 보시오. Plaskow, *Standing Again at Sinai*, pp. 223-24.

제1장 세기의 주제들: 주빌리를 향한 도전들   51

◆ 추가적 성찰과 대화를 위해

1. 당신은 이 장을 읽으면서 이 장에서 주목한 해방, 연결됨, 고통, 상상력, 세상을 수선하기와 같은 현대적 주제 중 어느 것이 당신에게 가장 중요하고 결정적인 것으로 보였습니까?
왜 그런지 말할 수 있나요?

2. 위에서 언급한 주제 중 당신의 삶 속에서 그리고 당신의 가족과 공동체의 삶 속에서 가장 중심적인 주제는 무엇입니까?

3. 주후 2000년이 다가오면서, 해방, 연결됨, 고통, 상상력, 그리고 세상을 수선하기라는 한 성좌에 첨가될 중요한 주제는 무엇이라고 믿습니까?
당신은 왜 이런 부차적인 주제를 포함시킵니까?

4. 당신은 교육이란 단어에 어떤 의미를 부여합니까?

5. 교육은 어떻게 당신의 개인적 삶의 부분이 됩니까?
어떻게 그것은 당신의 공동체 삶의 일부가 됩니까?

6. 당신은 영성이란 단어에 어떤 의미를 부여합니까?

7. 영성은 당신의 개인적 삶에서 어떻게 나타납니까?
국가라는 공동체를 포함하여 당신의 공동체 삶 속에서 그것은 어떻게 나타납니까?

제 2 장

땅의 휴식

1. 전주

수년 전 나는 종교적 전통들은 내부적으로 발화점을 지니고 있다고 믿는 한 목회자와 함께 일을 했었다. 시간이 무르익고 이런 전통 안에 있는 사람들이 역사 속의 특정한 순간에 이르렀을 때, 그 발화점은 작동한다고 그는 나에게 말해주었다. 세상은 이미 그들을 위해 준비되었기에 그들은 마치 별들의 폭발이나 화려한 불꽃놀이처럼 분출한다. 이것은 소수의 집중된 지역에서뿐만 아니라 전체 지구를 중심으로 널리 흩어진 장소에서 발생한다.

주빌리는 오늘날 연속되는 발화점으로 등장하고 있다. 본서는 이런 성경적 가르침에 대한 흥미를 점화시키려는 독립된 시도를 대변하지도 않고, 나 또한 이를 증진시키려는 데 몰두한 외로운 지지자도 아니다. 오히려 지난 20여 년 동안과 더불어 새로운 천년이 다가오면서 주빌리 나팔은 모든 곳에서 훨씬 더 소란스럽게 소리를 내고 있다.

에밀리오 카스트로(Emillio Castro)와 모티메르 아리아스(Mortimer Arias)와 같은 세계적으로 존경받는 종교 지도자들과 안드레 트로메(André Trocmé), 존 하워드 요더(John Howard Yoder), 샤론 린지(Sharon H. Ringe), 그리고 도로시 죌레(Dorothee Soelle)와 같은 학자들이 그들의 연구에서 주빌리를 다루었다.[1]

세계교회협의회(WCC)는 1998년 남아프리카 공화국에서 열리는 회의의 주제로 주빌리를 신중하게 검토했다. 그리스도평화미국위원회(Pax Christi USA)는 1994년 8월부터 1995년 8월(히로시마와 나가사키 폭격 50주년이 됨 - 역주)까지를 주빌리 해(Jubilee year)로 헌정했다. 그들은 "기도와 교육, 조직(organizing)을 통해 생명의 하나님을 증거하며, 전체 공동체와 국가 및 세계를 위협하는 폭력의 세력에 저항하여, 비폭력의 헌신을 위한 성장의 기간으로 삼을 것을"[2] 서약했다.

이와 더불어, 미국복음주의루터교회(ELCA)는 전국 대회에서 교단의 교육적 토대로서 서로에게 다가감을 가르치려는 노력의 일환으로 주빌리를 활용했다. 이를 위해 화상 컨퍼런스를 열어 다섯 개의 서로 다른 루터교단의 센터를 연결하였다.[3] 경제학자인 전(前) 세계은행의 허먼

---

1 Emilio Castro, *Your Kingdom Come* (Geneva: WCC, 1980); Mortimer Arias, "The Jubilee: A Paradigm for Mission Today," in *International Review of Mission* (Geneva: Commission on World Mission and Evangelism of WCC, January 1984), pp. 33-48; Andre Tromcme, *Jesus and the Nonviolent Revolution* (Scottdale, Pa.: Herald Press, 1983); John Howard Yoder, *The Politics of Jesus* (Grand Rapids: Wm. B. Eerdmans Publishing Co., 1972); Sharon H. Ringe, *Jesus, Liberation and the Biblical Jubilee* (Philadelphia: Fortress Press, 1985); Dorothee Soelle, "God's Economy and Ours: The Year of the Jubilee," in *God and Capitalism: A Prophetic Critique of Market Economy*, ed. J. Mark Thomas and Vern Visick (Madison, Wis.:A-R Editions, 1991), pp. 87-103.
2 다음을 보시오. *National Catholic Reporter* (July 29, 1994): p. 8.
3 정보를 위해 다음으로 연락하시오. ELCA Division for Congregational Ministries,

데일리(Herman Daly)와 콜럼비아대학의 알빈 스쵸(Albin Schorr)는 주빌리를 소득의 불균형을 줄이는 프로그램의 모델로서 제안했다.⁴ 파나마의 선교사들은 많은 남미 나라들을 짓누르는 국가 부채 탕감을 위한 주빌리의 해(Jubilee Year)를 요청했다.⁵

또한, 바티칸도 교황이 "대성년(大聖年) 주빌리 2000"이라고 부르는 행사를 준비하기 시작했다. 제시된 기획안은 기도와 더불어, 지난 2천 년 동안의 교회의 범죄에 대한 회개 및 새로운 천년이 도래함에 따라 세계 속에 퍼진 가톨릭교회와 다른 종교와의 화해를 포함한다.⁶

동시에 유대인 사상가 아써 와스코우(Arthur Waskow), 농부이면서 신학자인 리차드 오스틴(Richard Cartwright Austin)과 같은 종교인들은 주빌리 영성을 우리 시대를 위한 자원으로 제안하고 있다.⁷ 주빌리 가르침의 영역으로 종교적 존재 방식에 초점을 맞춰보려고, 심지어 교구, 지역 교회의 직원들, 그리고 교단의 지도자들도 주빌리의 해를, 적어도 주빌리 시간을 선포하는 행위를 고려하고 있다.⁸

8765 West Higgins Road, Chicago, IL 60631.
4 Herman E. Daly, "A Biblical Economic Principle and the Steady-State Economy," *Epiphany Journal* 12 (winter 1992): 6-18; Alvin Schorr, *Jubilee for Our Times: A Practical Program for Income Equality* (New York: Columbia University Press, 1977).
5 다음을 보시오. "New Evangelization: 1992 the Year of Grace of the Lord. The Bishops and Missionaries of Panama Propose the Celebration of a Continental Jubilee Year," *SEDOS Bulletin* (May 15, 1991): 139-41.
6 다음을 보시오. Jerry Ryan, "The News That Didn't Fit,"*Commonweal* (October 21, 1994):6; and Desmond O'Grady, "The Perils of Penance,"*Commonweal* (October 21, 1994):7.
7 다음을 보시오. Arthur Waskow, "From Compassion to Jubilee," *Tikkun* (March-April 1990): 78-81, and idem, "Sacred Earth, Sacred Earthling," *Gnosis* (fall 1994): 58-63; 또한 다음을 보시오. Richard Cartwright Austin, "Jubilee Now! The Political Necessity of the Biblical Call for Land Reform," *Sojourners* (June 1991): 26-30.
8 이런 종류의 교구 가운데, 1946년에 설립되었고 1995년 가을부터 1996년 가을까지 1년에 걸친 기간 동안 자신의 주빌리를 기념하고 있는, 알렉산드리아의 Blessed

이런 활동이 세상과 세계 도처의 기관들과 일상의 개인적 삶 속에서 발화점이 되어 폭발할 때, 세 가지의 성경 본문들은 기본적인 지침을 제공한다. 이 장에서 나는 분명하게 성경의 주빌리를 선포하는 이 본문들을 인용한다. 그런 다음 나는 "땅으로 하여금 쉬게 하라"는 주빌리의 출발점에서 시작해서 이 문장의 이중적 의미를 조사하겠다. 끝으로 나는 휴간하는 토지뿐만 아니라 그 후속적인 주빌리 전통의 개별 요소인 용서, 자유, 정의 및 기쁨을 위해서도 중요한, 기초적인 조건인 안식에 대해 검토하겠다.

2. 주빌리를 위한 본문들

주빌리를 표현하는 세 개의 성경 구절들 중 하나는 신약성경에서 등장하고, 나머지 두 개는 구약성경에서 나온다. 누가복음 4:16-20은 예수님이 자란 곳 나사렛으로 귀향해서 안식을 관습대로 회당을 방문했던 사건을 묘사하고 있다. 시간이 다가오자 예수님은 선지자 이사야의 두루마리를 펼치고 다음과 같은 구절이 적혀있는 곳을 찾는다.

> 주의 성령이 내게 임하셨으니, 이는 가난한 자에게 복음을 전하게 하시려고 내게 기름을 부으시고 나를 보내서 포로된 자에게 자유를, 눈 먼 자에게 다시 보게 함을 전파하며 눌린 자를 자유롭게 하고 주의 은혜의 해를 전파하게 하려 하심이라

Sacrament 가톨릭 공동체가 있다.

하였더라(눅 4:18-19).

예수님은 두루마리를 말아 수행하는 자에게 주고 자리에 앉으신다. 회당 안에 있는 모든 사람의 눈이 그를 주목했을 때, 그는 "이 글이 오늘 너희 귀에 응하였느니라 하시니"(눅 4:21)라는 놀라운 선포를 한다.

두 번째 본문은 안식일에 예수님이 선택하신 제3이사야서로부터 온 구절이다. 비록 예수님이 이사야 58:6를 인용에 포함시켰으나 그가 선택한 주요 본문은 61장으로 예수님이 반복했던 중요한 구문은 '주님의 은혜의 해를 선포하려고'이다. 예수님이 정확히 인식했듯이, 이사야의 교훈은 강력하고 시적으로 묘사되었다. 곧, 고통 받고 있는 모든 이들을 위한 구원으로 특징되는 시대의 도래이다.

> 그들에게 화관을 주어 그 재를 대신하며 기쁨의 기름으로 그 슬픔을 대신하며, 찬송의 옷으로 그 근심을 대신하시고 그들이 의의 나무 곧 여호와께서 심으신 그 영광을 나타낼 자라 일컬음을 받게 하려 하심이라(사 61:3).

세 번째 본문이 핵심이다. 내가 제1장에서 지적한 것처럼 이것은 주빌리 성결법(Holiness Code)의 일부로서 레위기 25장에서 발견되는 주빌리 본문이다. 이 장의 55개 절은 '여호와의 은혜의 해'인 주빌리를 설명하고 있는데, 그것은 예수님과 이사야가 선포하고 그 구문을 사용했을 때 가리키고 있었던 내용이라고 학자들은 동의한다. 수세기 동안의 토라에 관한 히브리인의 연구와 더불어 예수님과 이사야는 자신의 고유한 종교적 유산으로부터 주빌리에 관한 지속된 이상을 알고 있었다.

예수님과 이사야도 유대인들과 더불어 정기적으로 토지를 쉬게 하는 안식년의 실천을 알고 있었다. 주빌리의 부채 탕감의 방식을 왜곡하기 위해 부유한 토지 소유자들이 악용하고 무시당한 프로스보울(*prosboul*)[9]로부터 예수님과 이사야는 주빌리를 알고 있었다. 그들은 주빌리가 하나님이 시내 산에서 모세에게 말하는 것으로부터 유래한 심오하면서도 신성한 시간이라는 사실과 레위기에 기술되었다는 것을 배웠다.

린지, 트로메, 요더 이외에도 제이 마신바에드 포드(J. Massyngbaerde Ford)와 제이 에이 샌더스(J. A. Sanders)와 같은 주석가들도 예언자들이 선대에서 그랬던 것처럼, 주후 26년에 예수님이 나사렛의 회당 안에서 이사야를 인용하면서 주빌리를 선언하였다는 것에 동의한다.[10]

나사렛에서의 예수님의 설교와 레위기 속의 전통은 주빌리를 같은 관점, 즉 안식일에서 시작한다. 예수님은 안식일에 관한 그의 선언을 공포한다. 레위기 25장은 시작하는 구절에서 그 단어(또는 그에 상응하는 구문 '완전한 쉼')를 여섯 번이나 반복하면서 안식에로의 비범하면서도 지속된 관심을 이끌어 간다. 주빌리 안식은 땅과 직접 연결되고, 땅이라는 단어 또한 여섯 번 사용되었다.

> 내가 너희에게 주는 땅에 들어간 후에 그 땅으로 여호와 앞에 안식하게 하라. 너는 육년 동안 그 밭에 파종하며 육년 동안

---

9 다음을 보시오. Yoder, *Politics of Jesus*, pp. 69-70. 프로스보울(헬라어로 '법정에서 행해진 행동'이란 의미)은 채권자가 안식년 또는 주빌리의 해가 아니었다면 양도하지 않았을, 부채를 자신의 이름으로 법원에 권리 양도하는 공적 문서였다.

10 다음을 보시오. J. Massyngbaerde Ford, *My Enemy Is My Guest: Jesus and Violence in Luke* (Maryknoll, N.Y.: Orbis Books, 1984); J. A. Sanders, "From Isaiah 61 to Luke 4," in *Christianity, Judaism and Other Greco-Roman Cults: Studies for Morton Smith at Sixty*, ed. Jacob Neusner, 4 vols. (Leiden: E. J. Brill, 1975).

그 포도원을 가꾸어… 그러나 일곱째 해에는 그 땅이 완전히
쉬어 안식하게 할지니 여호와께 대한 안식이라. 너는 그 밭에
파종하거나 포도원을 가꾸지 말며 네가 거둔 후에 자라난 것
을 거두지 말고 가꾸지 아니한 포도나무가 맺은 열매를 거두
지 말라. 이는 땅의 완전한 휴식을 위한 해이니라. 안식년 동안
땅의 소출은 너희가 먹을 것이니 너와 네 남종과 네 여종과 네
품꾼과 너와 함께 거류하는 자들과 네 가축과 네 땅에 있는 들
짐승들이 다 그 소출로 먹을 것을 삼을지니라

(레 25: 2b-7, 이탤릭체 추가됨).

땅을 위한 일 년 동안의 이런 안식의 패턴, 즉 농사의 휴경의 해가 관습적인 것이 될 때에만, 칠 년을 일곱 번 계산하고, 나팔을 불며 오십 번째 해를 거룩하게 여기고, 그 땅과 그곳의 거주하는 모든 이들에게 자유를 선포하라는 권고와 함께 비로소 본래의 주빌리가 실현된다.

차후의 주빌리 전통을 고려할 때 우리는 이 후반부의 절로 되돌아올 것이다. 그러나 출발점으로서 레위기의 첫 번째 일곱 절은 주빌리 휴식에 필수적인 조건을 규정한다. 만약 여호와의 은혜의 해가 있고 사람들이 재 대신에 화환을 받기로 예정되어 있다면, 그들은 일 년에 걸친 완전한 휴식을 가져야만 하고, 그 기간 동안 땅으로 하여금 휴지기를 보내게 해야 한다. 그들은 땅을 거룩하게 해야만 하고 그래서 땅은 재창조의 축복을 알게 되며, 가난한 자들이 땅의 소출을 먹게 될 것이다. 그러나 그들 자신 또한 하나님께 경청하고 하나님의 소리에 응답하기 위해서 쉬어야만 한다.

3. 땅으로 하여금 휴한하게 하라: 이중적(Twofold) 의미

내가 이 장의 앞부분에서 지적했듯이, 땅으로 하여금 휴한하게 하라는 주빌리 지침은 본질적이고 서로 연관성을 가지는 두 가지의 초점을 가지고 있다.

첫 번째는 땅 그 자체이다. 이것은 삶을 통해 우리를 유지시키고 우리가 죽을 때 우리를 받아주는 행성인 지구이다.

두 번째는 인간의 육체적 핵심, 좀 더 성경적인 사실로서 인간의 물리적 본질인 티끌, 곧 우리의 육신적 실재라는 '땅'이다.

1) 땅 그 자체

레위기 25장은 그것이 고대 이스라엘에서 토지의 보유라는 주제를 다루는 유일한 장이기 때문에 토라의 모든 장들 중에서 독특한 것이다.[11] '땅의 안식'은 아마도 바빌론 유수 기간 이전에 지켜졌을 것이다. 비록 우리가 제1성전 시대부터 이에 관한 직접적 증거는 가지고 있지 않을지라도, 서력기원(common era) 바로 이전 시대부터 농사의 휴경의 해에 관한 많은 증거는 가지고 있다.

예를 들어, 제1마카비서 6:49와 53의 보고서는 베쓰 주(Beth-Zur)라는 도시가 시리아인들에게 굴복해야만 했었다고 기록한다. 즉 침략이 안식년에 일어났기 때문에 그 도시는 포위공격을 견딜만한 적절한 준

---

[11] 이 소개하는 부분을 위해 나는 다음의 책에 나오는 Walter C. Kaiser, Jr.의 시작하는 말에서 도움을 받았다. "The Book of Leviticus: Introduction, Commentary and Reflections," in *The New Interpreter's Bible* (Nashville: Abingdon Press, 1994), vol. 1, pp. 1170-71.

비가 부족했다. 또한 역사가 요세푸스(Josephus)도 다른 비슷한 예들과 더불어 이 사건을 보고한다. 그리고 경작에 있어 휴경의 해는 정기적으로 실천되었고, 사람들은 그것에 익숙해 있었기 때문에 나사렛에서 예수님 자신은 주빌리 선언에서 휴경을 강조하지 않는다고 주빌리 학자 요더(Yoder)는 논평한다.

땅 자체가 안식일을 준수해야 한다는 가르침은 예수님에게도 매 칠 년마다 토양은 쉬어야만 하고, 씨 뿌리는 것, 땅을 일구는 것, 그리고 수확하는 것이 금지되었음을 의미했다. 일곱 번째 해 동안 땅이 묵혀짐에 따라 모든 토지 소유자들은 이 기간에 자체적으로 자라나는 그 어떤 소산에 대해서도 배타적인 주장을 할 수 없었다. 오히려, 그 토지의 자산을 누가 소유했는지 상관 없이 모든 사람은 땅에서 나는 소산을 자유롭게 먹을 수 있었다.

이런 관행은 부분적으로 땅은 휴식할 가치가 있었다는 승인이었다. 그러나 이것은 또한 여호와가 모든 것의 궁극적 소유자라는 종교적 관점과 땅의 자연적 성장은 가난한 사람들과 더불어 인간이 아닌 동물들을 먹이려는 의도였다는 도덕적 관점의 선포였다. 하나님은 사람들이 여섯 번째 해에서 일곱 번째 해로 넘어가는 동안 일용할 충분한 음식을 약속했다.

'일곱 해의 일곱 번' 이후 사십구 번째라는 위대한 안식년에 관한 주빌리를 위한 기간의 길이에는 두 가지의 해석이 존재한다. 주전 200년경 작성된 『주빌리』이라는 묵시록이 말하듯, 주빌리 해는 마흔아홉 번째부터 시작해서 쉰 번째 해의 시작까지 지속되는 일 년이었거나, 레위기 25장이 가리키듯, 마흔아홉 번째 해부터 쉰한 번째 해까지 확장하여 안식일 중의 안식일을 2년 동안 지속하는 경우이다.

우리 시대 주빌리는 언제나 완벽하게 혹은 문자적으로 준비될 수 없다. 오늘날 묵히고 있는 땅을 휴경하는 것은 인간으로 하여금 땅을 고갈시키고, 살충제 심지어 유독물로 인한 질병을 발생시킬 수도 있다. 농사와 관련된 현대적 방법들은 2차적 성장을 허용하지 않는다. 그럼에도 2차적 성장을 기대하는 잉여음식에 대한 현대적 유통 방식들은 곡물이 사람들에게 전달되기 위해 수확되는 장소에서 성장하는 시간보다 훨씬 더 쉽고 빠르게 유통 가능하도록 설계되었다. 오늘날의 세계에서 주빌리 가르침은 현대적 해석, 심지어 은유적 해석까지 필요로 한다.

그럼에도 여전히 문자적으로 읽는 것은 그 나름대로의 장점을 지니고 있다. 자생하는 양식은 모든 이의 자산이라는 주빌리 가르침은 굶주림과 배고픔이 계속해서 모든 사람들을 위험에 빠뜨리는 세상의 도처에서 정치를 초월하는 종교적, 사회적 원리가 되어야만 한다. 요점은, 비록 우리가 주빌리 특성들을 항상 정확하게 따를 수 없더라도 큰 틀에서 전통은 4천 년 전에 그랬던 것만큼이나 오늘날에도 적절하다는 것이다. 주빌리는 세기를 초월해서 적절한 이상이다.

주빌리는 또한 많은 다양한 문화에도 적절한 이상이다. 많은 문화가 땅에 귀 기울이고 돌보며 존중하는 태도에 직접적인 관심을 기울인다. 이런 태도는 우리에게 주빌리를 준 고대 히브리인들 가운데 발견될 뿐만 아니라, 세상의 많은 사람들 사이에서도 발견된다. 이런 태도는 비록 우리 시대가 휴경 중인 땅의 영성을 '발견한' 시대는 아닐지라도, 땅과의 연합이란 주제가 재등장하는 우리 시대를 위해 특별한 의미를 가진다. 기껏해야 우리 시대는 재발견과 소생(renewal)의 시대에 불과하다.

북미에서 땅을 경외하는 태도는 미국의 인디언들과 밀접하게 연관되어 있다. 스쿼미시(Squamish)부족 취프 시애틀(Chief Seattle)은 땅과 자신의 부족과의 관계에 대한, 그리고 땅을 통한 위대한 영(the Great Spirit)과의 관계에 대한 연설에서, 땅을 향한 경외의 태도를 회고했다. 1854년 조상의 인디언 토지를 미연방정부에 양도하는 의식에 즈음하여 그가 행한 연설에서 그는 다음과 같이 물었다.

> 당신은 어떻게 하늘, 땅의 따듯함을 사고 팔 수 있습니까? 만약 우리가 공기의 신선함과 물의 광택을 소유하지 않는다면, 당신은 어떻게 그것들을 살 수 있나요? 이것이 우리가 아는 바입니다. 토지는 인간에게 속하지 않습니다. 인간이 땅에 속하지요. 이것이 우리가 아는 바입니다. 모든 것은 한 가족을 연합하는 피처럼 연결되어 있습니다. 모든 것은 연결되어 있습니다. 땅에서 일어나는 것은 무엇이든 땅의 자녀들에게도 일어납니다. 인간은 삶의 거미줄을 엮지 않았습니다. 그들은 단순히 그 안에 있는 한 가닥 실입니다. 그들이 거미집에 무엇을 하든 그들 자신에게 하는 것이 됩니다… 이 땅은 하나님에게 소중한 것입니다. 그리고 땅에 해를 끼치는 것은 그것의 창조주에게 경멸을 쌓는 것입니다.[12]

150년 후 성경학자 조오지 틴커(George Tinker)는 휴경지에 대한 주빌리 가르침의 밀접한 성찰을 통해서 오늘날 미국의 인디언 원주민들이 어떻게 성경을 읽는 지를 서술하면서 유사한 입장을 지적한다. 그리

---

12 다음에서 인용되었다. Patricia Mische, "Parenting in a Hungry World," *New Catholic World* (Sept.-Oct. 1977): 238.

고 그의 민족의 영적인 통찰력은 창조와 땅에 대한 그들의 관계와 더불어 시작된다고 논평한다. 그는 기독교의 많은 영역에서 '아멘'을 포함시키는 것처럼, 모든 기도 안에서 역할하는 하나의 구문을 포함시키는 라코타(Lakota)와 다코타(Dakota) 부족들의 영성을 묘사한다.

그 구문은 미타쿠제 오야신(*mitakuje oyasin*)인데, 통상적 해석은 '나의 모든 관계를 위해서'이다. 그 어구는 두 개의 다리를 가진 것에서 항상 넓어지는 원 안에서 외부로 향하는 모든 기도로 확장된다. 왜냐하면 미타쿠제 오야신을 기도하는 각 사람은 자신의 친족이 필연적으로 네 개의 다리를 가진 것, 날개 달린 것, 아가미가 있는 것, 그리고 모든 살아 움직이는 것들을 포함한다는 것을 알기 때문이다. 이들은 또한 나무, 바위, 산, 물, 그리고 땅을 포함한다.[13]

다른 사람들 역시 이런 신성한 관계들을 알고 있고 땅으로 하여금 쉬게 하려는 성향이 강하다. 17세기 그림에 관한 중국의 보고서, 『겨자씨 정원에 관한 안내서』(*The Mustard Seed Garden Manual*)를 보면, 예술가가 산을 바라보는 남자를 그린다면, 남자는 충성을 맹세하는 구부린 자세로 그려지며, 그 산은 답례하는 태도로 약간 구부러진 것처럼 보이게 그림을 구성하도록 권한다는 것이다.

또한, 류트주자가 달빛 아래서 자신의 악기를 연주하고 있다면 화가는 그림에서 마치 류트주자가 달을 경청하고 달은 그녀를 경청하는 것처럼 보이게 그리라고 권고받았다. 이런 조언의 영적인 전제는 인간은 세상과 상호 관계에 처해 있고, 그들처럼 세상의 모든 것은 영과 존재, 초자연적인 것, 신성한 것이 본능적으로 스며들어 있다는 점이다. 그 자

---

13 George E. Tinker, "Reading the Bible as Native Americans," in *The New Interpreter's Bible* (Nashville: Abingdon Press, 1994), vol. 1, p. 176.

체로 세상은 존경과 경의를 가지고 다루어져야 한다.[14]

오늘날 인간 공동체의 많은 이들이 그런 특성을 재발견하고 있다. 체코 공화국의 대통령 바크라브 하벨(Václav Havel)은 한때 창조의 모든 질서 중에서 이상(ideal)으로 존재했던 잃어버린 온전성(integrity)의 소생을 이야기하면서 두 개의 예를 들고 있다.

첫 번째 예는, "우리는 우주의 끝없는 심해 속에서 빙빙 도는 작은 입자의 미세한 움직임처럼 우연적으로 생긴 변칙이 전혀 아니라는, 아마도 이것은 인류만큼이나 오래된 생각이다. 대신에 우리는 우주에 신비롭게 결합해 있고, 우주 전체의 진화가 우리 안에서 투영되는 것처럼 그 우주 안에 우리는 비춰지고 있다."[15]

두 번째 하벨의 예는, 우리가 더 큰 전체의 부분이라고 주장하는 이론, 가이야(Gaia) 가설이다. 가이야는 모든 종교에서 풍요의 여신(Earth Mother)의 원형으로 인식되는 고대 여신에게서 이름을 가져왔으며, 그녀는 우리의 운명이 단순히 우리가 우리 자신을 위해 하는 일에 달려있지 않다는 것을 상기시킨다.

우리의 운명은 우리가 가이야를 위해 하는 일에 의존한다. 우리는 지구와 우주 안에서 정박하고 있기 때문에 만약 우리가 그녀를 위험에 빠뜨린다면 우리는 삶 자체를 위험에 빠뜨리는 꼴이 된다. 우리는 이곳에 홀로 존재하지 않고, "모독하는 행위를 권하고 싶지 않은, 더 높고 신비

---

14 In M. Sze, ed., *The Mustard Seed Garden Manual of Painting: A Facsimile* (Princeton, N.J.: Princeton University Press, 1978). 나는 이 일에 관한 소개와 다음의 책에 나오는 그의 주석에서 그리고 Nathan A. Scott, Jr.로부터 도움을 받았다. *The Broken Center: Studies on the Theological Horizon of Modern Literature* (New Heaven, Conn.: Yale University Press, 1966), pp. 150-51.
15 Vaclav Havel, quoted in "The New Measure of Man," in *New York Times*, July 8, 1994, sec. C, p. 16.

로운 실재를 통합하는 한 부분이기 때문이다."¹⁶ 그러나 우리는 자연이 결코 고갈되지 않고 오히려 존재한다는 경외감을 가지고, 가이야로 하여금 휴식을 가지게 해야 한다. 제라드 홉킨스(Gerard Manley Hopkins)가 적었던 것처럼, 성령이 "따뜻한 가슴과 환하게 빛나는 날개로"¹⁷ 조용히 품어주는 '둥근 세상'으로서 자연을 존경해야 한다.

2) 인간의 땅

휴지기를 통해 일 년의 휴식을 토지에게 허락함으로써 주빌리가 우리에게 땅과 우리와의 관계를 존중하라고 가르치는 것처럼, 우리가 돌봐야 하고 유사한 존중을 베풀어야 하는 또 다른 땅이 있다. 이것은 우리 각자가 구성하고 있는 작은 나라, 우리가 그 지형을 너무나 잘 알고 있는 우리 자신이라는 땅이다.

우리는 그 땅, 즉 우리 신체, 우리의 피와 숨(breath), 그리고 우리의 뼈들로 이루어진 땅으로 하여금 역시 쉬도록 해야 한다. 정규적으로, 우리는 학계의 사람들이 자신들의 공헌의 일부로서 그리고 종교사역에 종사하는 이들이 자신들의 소명의 일부로서 쉬는 것처럼, 자신을 위한 방식을 찾아 안식년을 지켜야 한다.

우리는 안식일 명령의 우리 자신에 관한 직접적 언급을 '너는 심거나 가지 치거나 혹은 산출하지 말라. 왜냐하면 너 또한 지구이기 때문이다'로 해석할 수 있다. '재의 수요일'(Ash Wednesday) 의식은 인간의 신체

---

16 Ibid.
17 Gerard Manley Hopkins, "God's Grandeur," in *A Hopkins Reader*, ed. John Pick (Garden City, N.Y.: Doubleday, 1966), pp. 47-48.

를 재와 함께 표시하고 고대의 형식을 따른 표현을 사용하면서 이 교훈을 우리에게 직접적으로 나타낸다.

> 메멘토, 호모, 뀌아 풀비스 에스, 엣 인 풀베렘 레베테리스
> (*Memento, homo, quia pulvis es, et in pulverem reverteris*)
> 인간인 여러분들, 당신은 지구의 티끌임과 동시에 별의 먼지이며 그리고 당신은 다시 한 번 우주의 물질이 되기 위해 언젠가 물리적 우주로 되돌아갈 것임을 기억하십시오.

그러나 우리가 지구 상에 존재하는 동안 토지로부터 온 음식이 우리에게 영양분을 공급할 뿐만 아니라, 우리가 된다는 것을 스스로에게 상기시킬 필요가 있다. 우리가 매일 먹는 쌀이나 밀, 과일이나 야채는 우리 몸을 이루는 물질의 부분이 된다. 이것이 바로 모든 살아있는 동물들의 방식이다. '땅으로 하여금 쉬게 하라'는 우리 자신이라는 땅에 물질적인 영양뿐만 아니라 정규적이고 의식적인(ritual) 휴식을 주면서 정기적으로 조용히 내버려 둠을 의미한다.

교육과 영성의 관점에서 이 가르침은 많은 시사점을 가지고 있고, 그것들 대부분은 소박한 것이다. 아마도 어렵지만 단순한 것이다. 우리는 인생이란 음악을 다음과 같은 방식으로 묘사하는 현명한 여인을 따를 필요가 있다.

> 때때로 앉아서 생각한다, 그리고 때로는 그냥 앉아 있는다.

우리의 모든 행동에서 수용성과 침묵 그리고 묵상하는 존재라는 근본적인 유산을 소유한 사람들이 될 필요가 있다. 우리가 침묵하며 앉아 있을 수 있도록 하나님이 가르쳐 주시기를 규칙적으로 기도하며, 우리를 둘러싸고 있는 창조뿐만 아니라 창조와 우리 자신인 땅에 경청하는 자가 될 필요가 있다. 우리는 우리의 맥박, 심장박동, 숨, 그리고 매일의 리듬, 특히 일과 휴식의 리듬에 주의를 기울일 필요가 있다.

더 나아가, 땅으로 하여금 쉬게 하는 것은 우리로 하여금 영화 지붕위의 바이올린에 나오는 우유장수 숄롬 알레이헴(Sholom Aleichem)의 테비에(Tevye)를 떠올리게 하며, 하시딕(Hasidic) 랍비의 세심함을 가지고 성경 구절의 시를 배우도록 자극한다.

테비에는 부자가 되기를 원해 "이제 그것은 모든 것 중 가장 달콤한 일이기 때문에"라는 주술적 말의 능력을 알아가면서 매일 7시간 동안 앉아 있을 수 있었다. 우리 중 몇몇 사람은 호흡할 시간을 따로 두고 숨을 마시고 흐르는 대로 내쉬는 것을 반복하고, 이와 같은 실천들을 반복하면서 하루의 시작과 끝을 마무리할 수 있다. "숨을 들이쉬고 나는 주빌리를 흡입한다, 숨을 내쉬고 나는 주빌리가 된다."

그 순간 이런 인격적이고 개인적인 호흡은 우리와 함께 지구를 공유하는 사람의 호흡을 섞는 것이다. 이것은 인간이 아닌 동물들의 숨, 하늘과 수중 생물체들의 한숨, 그리고 나무와 먼지 안의 속삭이는 생명의 힘, 꽃과 돌을 함께 연결한다. 그것은 또한 시간을 뒤섞고 애니 딜라드(Annie Dillard)가 한때 묘사했던 연결됨이라는 종류 안에서 우리 자신의 성장과 쇠퇴의 리듬을 연결한다.

나는 타락한 세상의 닳아빠진 그리고 물어뜯긴 생존자이고
잘 살고 있다. 나는 나이가 들어가고, 먹히고, 또 나의 분량만
큼 먹었다. 나는 씻지 않았고 아름답지 않지만 모든 것이 잘
맞는, 빛나는 세상의 통제 아래에 있다. 그러나 내가 돌보아
야 하는 부서진 파편 주위를 두려움으로 돌아다니지 않는다.
나의 나무들은 은은한 공기를 마시고, 피로 물들고 상처가 난
피조물들은 나의 사랑하는 동료들이며, 피조물들의 아름다움
은 그들의 불완전함 안에서 빛나고 있지 않지만, 불완전함에
도 불구하고 바람을 탄 구름들 아래서 오르락 내리락 한다.[18]

4. 안식일

땅으로 하여금 쉬게 하라는 명령을 어떻게 이행할 수 있을지에 관해
주빌리 가르침은 분명하다. 그것은 안식일의 실천을 통해서이다.
  안식일에 의해서, 안식일로서 살아간다는 것은 무엇을 의미하는가?
  안식일을 지킨다는 것은 무엇을 뜻하나?
  실천하는 유대인은 누구든지 이 질문에 대해 나보다 훨씬 더 풍성한 답을 줄 수 있다. 그럼에도 불구하고 수천 년 동안의 실천은 다음을 강조한다.

  안식일은 시간 안에, 현재에 살고 있음을 의미한다.

---

18 Annie Dillard, *Pilgrim at Tinker Creek* (New York: Bantam Books, 1974), p. 248.

안식일은 우리가 샤밧트(*shavat*) 또는 중단(*cessation*)을 실천함을 뜻한다. 그것은 우리가 멈춘다는 것을 의미한다. 안식일은 공동체에서의 재생을 위한 우리 자신을 준비시키기 위해서 우리가 이런 일들을 하는 것을 뜻한다.

1) 안식일은 우리가 시간 안에서 사는 것을 뜻한다

근본적으로 안식일은 시간과 시간 사이에 존재함에 대한 가르침이다. 랍비 아브라함 죠수아 헤셀(Abraham Joshua Heschel)에 따르면, 안식일은 "모두를 위한 왕국에 부합하는 궁전과 같은 것이다. 그것은 한 날이 아니라 하나의 분위기이다."[19] 안식일을 통해 우리는 거룩함에 적절히 부응하려고 한다.

안식일에 관한 성경적 가르침 중 현저한 것은 안식의 기간에 관한 다양함이다. 이것은 매주의 일곱째 날, 일곱 번째 달의 열 번째 날에 해당하는 속죄의 안식일을 포함하며 이 둘은 24시간 동안 지속된다. 오순절의 안식일은 48시간이고, 일곱 번째 해의 안식일은 1년이며 유수(Exile)의 안식은 70년 동안이다. 마지막으로, 기록은 주빌리 안식일, 안식일들 중의 안식일, 또는 오십 번째의 해를 거룩하게 하고 길게는 2년 동안 지속되는 완전한 휴식의 안식일에 관해 언급하고 있다.

다양한 안식일의 규정들은 안식일을 세속적 실재로 묘사한다. 그러나 이 규정들은 안식일이 단지 그 실천에서 가장 필수적이고 그 핵심에서 가장 존중되는 매주의 24시간을 나타내는 것이 아님을 제시하고 있

---

[19] Abraham Joshua Heschel, *The Earth Is the Lord's and The Sabbath* (New York: Harper & Row, 1951; reprint, 1962), p. 21.

으며, 각각은 서로 다른 준수 기간을 가지고 있다.

안식일은 우리 삶 속에서 매일 아침 30분 기도 시간이나, 영혼의 호흡을 쉴 때의 시간, 즉 3분의 휴식만큼이나 짧을 수도 있다. 안식일은 우리가 연구를 위해 헌신하는 1년이나 혹은 인간의 전 생애를 상징하는 수명 70년처럼 길어질도 있다.

그러나 세속적 관점에서 안식일은 시간의 길이 이상을 의미하고 있다. 안식일은 또한 우리가 시간 속에서 해야할 부르심이 무엇인지 경청하도록 시간 안의 존재(being)로서 훈련(discipline)을 가르킨다. 이렇게 인간으로써 형식적으로(superficially) 살 것인지 아니면 심오하게(profoundly) 살 것인지 시간 속에서 선택해야 할 때, 안식일은 우리 시대의 더 깊은 면과 깊이의 차원을 상기시키는 역할을 한다. 안식일은 현존하는 종교적 소환으로 작용한다.

인간에게 현존하는(*present*)이란 단어는 종종 과거와 미래 사이에 있는 덧없는 순간인 현재 혹은 '여기'라는 출석 확인의 대답으로 인식될 수 있는 공간에서의 물리적 현존을 뜻한다. 그러나 만약 이런 것이 인간 존재의 유일한 뜻이라면 시간은 우리에게 불완전한 것으로 남는다. 왜냐하면 현존은 존재라는 전적인 인간 양식이 다른 사람에 대해 가지는 관계이기 때문이다. 내가 나 자신을 당신에 대한 그리고 모든 사람과 그 밖에 모든 것의 관계 안에서 발견할 때, 나는 진정으로(integrity) "예, 여기 있습니다"라고 간신히 말할 수 있다. 존재할 수 없다는 것은 선점되었거나 방해받고 있다는 것을 의미한다.

논쟁의 여지가 있기는 하나 20세기 위대한 현존에 관한 철학자인 가브리엘 마르셀(Gabriel Marcel)은 어떤 사람들이 자신들의 존재를 우리에게 제시하는 것은 경험적으로 부인할 수 없는 사실이라고 적고 있다.

다른 사람들은 우리와 함께 있지 않은 반면, 그들은 진정 우리와 함께 있는 것이다.

> 비록 지적인 용어로 설명하기는 어렵지만 그들 자신을 '현존하도록' 나타내는 사람들이 있다. 말하자면 우리가 원하는 대로… 주는 방식의 경청의 방법이 있고, 사람을 거절하는 방식으로의 또 다른 경청의 방법이 있다. 물질적 선물, 눈에 보이는 행동은 필연적으로 현존을 증언하지는 않는다. 우리는 이와 관련하여 증거를 말해서는 안 된다. 왜냐하면 언어는 떠나버릴 수 있다. 현존이란 외모, 웃음, 말투 또는 악수에서 그 자체를 나타내는 것이다.[20]

이런 인간의 공통적인 경험은 우리에게 시간 안에 존재함의 반대는 과거 안에서 사는 것도 아니고 미래에 사는 것도 아님을 가르쳐 준다. 곧, 존재의 반대는 본질의 부재이다.

자신의 일본인 유산에 주목하는 고수케 고야마(Kosuke Koyama)는 이런 존재의 느낌을 설명한다. 그는 '깊어지는 인생'이라 부르는 경험에 대해 기록할 때, 광야 40년 동안 여호와의 돌봄은 존재에 관한 하나님의 방식을 가르치는 것이라고 언급하면서, 깊이와 시간, 그리고 존재 사이의 관계를 밝힌다. 그는 사람이 걷는 속도로 하나님이 한 시간에 3마일을 걷는다고 말한다. 또한 친구를 사귀기에 좋게 느리게 움직이며 한 시간에 3마일을 걷는 하나님의 이미지는 거리보다는 깊이를 따라 우리

---

20 Gabriel Marcel, *Philosophy of Existence* (New York: Philosophical Library, 1949), pp. 25-26.

를 초대한다고 말한다.²¹ 이런 깊이 있는 현존이 안식일의 방향이기도 하다.

그러나 현존에 관한 심상(imagery)은 존재의 신적인 방식에 관한 것뿐만 아니라 신적인 존재(Divine Being) 그 자체이다. 하나님을 '파악하기 어려운' 현존으로 기록한 사무엘 테리엔(Samuel Terrien)은 언약의 주제란 성서신학에서 부수적인 반면에, 현존에 관한 주제는 가장 중요한 것이라고 말하면서 현존을 확대시켜 신학적 필수 요소로 삼는다.

왜냐하면 하나님과 인간 사이의 언약이란 선택된 민족에게 여호와가 현존하려고 먼저 선택할 때만 가능하기 때문이다. 하나님만이 언약을 세울 수 있다.²² 그런 다음 테리엔은 히브리인들이 그들의 마음속에 항상 있었던 하나님을 인식하며 안식일을 제정했다고 언급하면서, 현존의 하나님을 안식일의 제정과 연결시킨다. 그들이 그 일을 했을 때 안식일은 그들의 하나님의 성례전이 되었을 뿐만 아니라, 오늘날까지도 남아있는 그들의 하나님 현존의 성례전이 되었다고 주장한다.²³

성례전으로서 안식일은 현존이 우리 속에 있는 하나님의 방식이고, 하나님과 함께하는 우리의 방식이며, 우리가 다른 사람들과 함께하는 방식임을 상기시키는 것이다. 참으로, 성경적 종교와 유대인 그리고 기독교인은 영성, 곧 기도와 공동체, 그리고 사역에서의 영성 구현을 하나님의 현존의 현시로 생각한다. 이 현존은 경이롭고, 우뢰와 같으며, 지루하며, 때로는 황홀하고, 정기적으로 완전한 침묵과 신비로 경험된다. 종종 쉐키나(Shekinah)로 언급되는 이런 치유, 하나님의 희미한 현존은

---

21 Kosuke Koyama, *Three Mile an Hour God* (London: SCM Press, 1979), p. 5; 또한 서문을 보시오.
22 See Samuel Terrien, *The Elusive Presence* (New York: Harper & Row, 1978), p. 3.
23 Ibid., p. 393

지금도 분명히 회자되는 본질적 경험의 핵심이다.

신약은 이런 현존의 경험을 나사렛의 예수님과 관련하여 기록하고 있다. 기독교 전통은 제자들이 마주친 예수님을 '우리와 함께 계시는 하나님'이라는 임마누엘의 계시로 묘사한다. 그들의 깨달음은 그들이 빵을 떼고 예수님을 알아보았던, 부활 이후에야 만개했고 신성한 로고스인 하나님의 말씀이 육체를 취하고 그들 가운데 장막을 치고 함께 거했다는 가르침으로 점차 번성해졌다.

"내가 너희와 항상 함께 있을 것임을 기억하라"고 마태복음이 기록하듯이, 마침내 그 가르침은 이 현존이 영원히 지속될 것이라는 약속으로 강화되었다. 초기의 유대인들처럼 예수님의 제자들은 하나님이라 불리는 신비가 "세상 끝날까지"(마 28:20) 세상에 존재함을 분명하게 드러내는 방식을 찾아냈다.

2) 안식일은 우리가 샤밧트(Shavat) 또는 중단을 실천하는 것을 의미한다

고대 메소포타미아의 몇몇 아카드(Akkadian) 문서에서 학자들은 히브리어 사바트(sabbat)처럼 보이며 유사하게 발음되는 단어 사바투(sabbatu)를 발견했다. 일반적으로 그 단어는 "마음의 휴식을 위한 날"[24]로 번역된다. 그러나 히브리인에게 안식일에서 유래된 단어는 동사 샤바트(shavat)이며 그것은 명사 '중단' 또는 '그만두기'로 번역되는 것과

---

24 In Samuel Bacchiocchi, "Remembering the Sabbath: The Creation-Sabbath in Jewish and Christian History," in Tamara C. Eskenazi, Daniel J. Harrington, and William H. Shea, eds., The Sabbath in Jewish and Christian Traditions (New York: Crossroad, 1991), p. 72.

더불어 '정지하다', '끝내다'를 의미한다. 이 명령이 처음 나타난 출애굽기 20:8-11은 다음과 같이 기록한다.

> 안식일을 기억하고 거룩하게 지키라. 엿새 동안 너는 힘써 네 모든 일을 행할 것이라. 그러나 일곱째 날은 네 하나님 여호와의 안식일인즉 너나 네 아들이나 네 딸이나 네 남종이나 네 여종이나 네 가축이나 네 거주 지역에 머무는 객이라도 아무 일도 하지 말라. 이는 엿새 동안에 나 여호와가 하늘과 땅과 바다와 그 가운데 모든 것을 만들고 일곱째 날에 쉬었음이라. 그러므로 나 여호와가 안식일을 복되게 하여 그 날을 거룩하게 하였느니라(출 20:8-11).

이런 창조적인 정지, 중단의 명령은 노동에 대한 지시이다. 월터 브루그만의 말을 빌리자면, 안식일은 "노동에 대한 언약적인 멈춤"이다.[25] 하나님 역시 쉬셨기 때문에 이스라엘은 쉬어야 한다. 이스라엘의 하나님은 "일에 미치지 않았고, 좀 더 안전하고 충분한 것과, 많은 통제와 주의가 필요하지 않기 때문이다."[26] 우리들 역시 마찬가지다. 노동을 멈추는 것은 안식일 명령의 첫 번째 요소 '기억하라'를 인간이 수행하는 방식이다. 하나님의 세상은 무한정의 생산과 야망 그리고 불안의 장소가 아님을 기억하라. 오히려 세상과 말(word)을 경청하고 수용하는 것이 이런 것들에 관한 우리의 의지보다 선행하는 장소이다.

---

25 Walter Brueggemann, "The Book of Exodus" in *The New Interpreter's Bible* (Nashville: Abingdon Press, 1994), vol. 1, p. 845.
26 Ibid.

부정적 명령의 형태(너는 멈출 것이다, 너는 끝낼 것이다)로 표현되고 해석되는 안식일의 특성은 원래 신비적인 '하지 않음'(not-doing)으로 나타난다. 내가 처음 신대원 학생들에게 안식일에 관해 가르치기 시작했을 때, 많은 이들이 안식일의 영성에 의해 자극받고 몰입했으며 그들 자신의 삶 속에서 그것을 동경했다. 그러나 그들은 종종 즉시 이것을 어떤 종류의 행위들과 동일한 것으로 인식했고 통상적으로 "안식일에 나는 무엇을 해야 하나요? 규정은 어떤 것들이 있나요?"라고 질문하면서 연필과 종이를 가지고 내게 찾아왔다.

물론 안식일과 관련된 실천들, 특히 땅으로 하여금 휴간하게 하거나 공동체에서의 기분전환과 같은 것들이 있다. 그러나 일반적으로 학생들에 대한 나의 반응은 그런 요구를 중단시키는 것이었다.[27]

가장 우선적으로 내가 주문한(좀 더 정확하게는, 일이 아닌 주문) 것은 아무 것도 하지 않음(not-doing)에 익숙해지는 것이었다. 하나의 관점에서 보면 안식일은 '소극적인 능력'(negative capability)이다. 즉, 시인 존 키이츠(John Keats)는 불확실성, 신비, 침묵, 심지어는 의심 속에서도 조급하지 않고 사실과 논리를 찾아 살아가는 능력을 묘사하기 위해 이런 세익스피어의 구절을 가져왔다. 이것이 바로 내가 우리 학생들의 삶 속에서 안식일의 기초가 되기를 바랐던 점이다. 왜냐하면 소극적 능력은 풍부하고 간결하며 긍정적인 실천으로 자연스럽게 움직이게 하는 에너지를 가지고 있기 때문이다.

---

27 자신의 고유한 기독교 영성의 상황에서 안식일 실천을 원하는 그리스도인들을 위한 두 개의 좋은 자료는 다음과 같다. Marva Dawn, *Keeping the Sabbath Wholly* (Grand Rapids: Wm. B. Eerdmans Publishing Co., 1989), and Tilden Edwards, *Sabbath Time* (Nashville: Upper Room Books, 1992). 두 자료는 유대인의 안식일을 종교적인 사람들을 위한 근본적이고 중심적인 이해로 존중하고 존경한다.

랍비 아브라함 헤셸은 일의 단순한 멈춤보다 한발 더 나아간다. 안식일에 유대인들은 심지어 노동에 대한 사고 자체를 저항하게 되어 있다고 그는 말한다. 이것을 예증하기 위해 헤셸은 안식일에 자신의 포도원을 걷다가 구멍이 나서 수리가 필요한 울타리 쪽으로 걷고 있는 경건한 사람에 관한 이야기를 한다.

"안식일이 끝나자마자, 나는 저 울타리를 내일 고칠 것이야"라고 그 남자는 계획을 세운다. 그러나 안식일이 끝나갈 무렵, 수리를 준비하면서 그 남자는 마음을 바꿨다고 헤셸은 말한다. "내가 안식일에 울타리를 수리할 생각했기 때문에, 나는 결코 울타리를 수리하지 않겠다"고 그는 결심한다.[28] 이것은 안식일에 인간은 노동에 관한 생각조차 하지 말아야 함을 암시한다.

일하는 것을 멈추고 행하지 말라는 안식일 명령의 엄격성과 중요성은 언약을 위해 필수적인 사항들을 구성하는 십계명 속 모든 것 안에서 엄격한 준수가 내포된다는 사실을 통해서 확증된다(출애굽기 20:2-17, 20:23-24, 34:21; 신명기 5:6-18).

안식일 명령에 대한 진지한 관심은 수 세기 후에 개신교에서는 청교도와 스코틀랜드식의 안식일에 관한 엄격한 규제의 형태로, 그리고 천주교에서는 주일 성만찬에 참석하지 못한 부재자들에게 심각한 죄를 선언하는 제재의 형태로 나타났다. 이런 명령들이 너무나 엄격하게 보일 때조차, 이런 규제들은 그럼에도 불구하고 안식일이 가볍게 여겨져서는 안 된다는 직관적 입장을 확증하고 있다.

그러나 안식일이 비록 근본적인 종교적 법일지라도 규제나 청교도

---

28 Heschel, *The Sabbath*, p. 32.

법률(Blue Law, 주일에 특정 활동을 금지하는 청교도 규범)과 동일한 것이 될 수 없다. 대신에, 안식일은 "세상이 사람들을 사용해 지치게 하는 생산의 시스템으로부터 규율처럼 정규적으로 철수하는 것이다. 안식일은 바로 왕에게서 여호와께로 옮겨진 주권 안에서, 보상되지 않고 보상하지 않는 노동의 소비는 더 이상 필요하지 않다는 대담한 인식이다."[29]

이런 입장은 안식일이 의식적으로(ritually) 준수되었던 하나님 현존의 성례전이었지만, 결코 온전히 의례적(ceremonial)인 것만은 아니었다는 초기의 확신, 곧 주빌리를 구체화하는 확신으로 이끈다. 대신에, 공표 초기부터 안식일은 정규적인 정의(justice)의 실천을 포함했다.

안식일은 예전적인 의식(rite)이고 인간들의 다른 사람들(배우자, 자녀, 포로가 되고 계약 관계에 있는 노동자들, 이방인들)과의 관계에 관한 서술인 동시에 윤리적이고 도덕적인 가르침이다. 그러나 안식일은 인간 공동체를 넘어 훨씬 더 멀리 확대된다. 안식일은 또한 동물인 네 발을 가진 것들, 날개를 가진 것들, 아가미가 있는 것들과 지구를 향한 관심을 가졌다. 의례적이고 윤리적인 요소가 함께 자리하는 그 때에 비로소, 중단하라는 명령은 휴식하라는 명령으로 바뀌게 된다.

이처럼 안식일은 참된 경청과 경청을 가능케 하는 고요 속에서 회상하는 시간이 된다. 종종 '신부의 안식일'이라 언급되는 충만하고 완전한 휴식의 안식일을 수용하면서, 우리는 그 기간 동안 누구에게나 주어진 두 번째 영혼, 곧 네샤마 에테라(*neshamah yeterah*)를 개발할 수 있다. 우리는 세상의 고난과 고통에 관심을 가지게 된다. 우리는 구름과 벌목꾼 그리고 벌목꾼의 부모를 종이 한 장에서 인식할 수 있다. 그리고 랍

---

29 Brueggemann, "The Book of Exodus," p. 846.

비들이 언급한 헌신과 실천의 일치, 결혼의 현실적인 것과 실현 가능성의 조화, 그리고 신비의 영역과 계명의 영역의 결합을 위해 우리 삶에서 의미들을 묵상할 수 있을 것이다.

휴식을 존중하며 안식일에 중단하는 것은 여가(leisure)에 대한 교육의 실천적인 중요성을 의미한다. 여가는 매우 긴밀하게 안식일과 연관되어 있고 그 자체로 종종 침묵의 형태이다. 그러나 여가는 실재를 이해하는 종류의 침묵, 심오한 연극과 위대한 예술뿐 아니라 기도에서도 찾을 수 있는 일종의 침묵이다.

실제로, 침묵하는 자만이 듣고, 말하기를 계속하는 자는 듣지 못한다. 안식일에 갖는 휴식과 그러한 여유로운 침묵이 '소음의 부재' 또는 '멍청함'과 관련되지 않음을 우리는 알고 있다. 오히려, 일상적인 우리의 일을 멈추고 일하지 않는 방식이 우리로 하여금 존재 자체를 환영하도록 가르치며, 그 순간에 우리는 실제의 섬김 속에서 영광과 신비로 가득한 빛에 무릎을 꿇게 된다. 그때 그 존재를 직면하는 것으로 인해 새롭게 된 우리는 세상으로 나아가게 된다.

3) 안식일은 공동체의 재생을 의미한다

안식일의 세 번째 국면은 위 제목의 불분명한 어구처럼 기술될 수 있다. 안식일이라는 단어가 **재생**(*recreation*)에서처럼 우리 자신을 새롭게 함을 뜻할 뿐만 아니라, **재창조**(*re-creation*)에서와 같이 예술적 상상력의 사용을 의미하기도 한다. 이것은 모두 공동체 안에서 일어난다. 만약 이것들이 공동체에서 발생하지 않는다면, 안식일이 명령하는 임재와 휴식의 습관들은 우리를 자기중심적으로 이끌어 간다. 이것들은 우리를 실제보다 훨씬 더 개인주의자로 만들 수 있고, 저물어가는 세기에 너무나 만연한 나르시즘을 강화할 수 있다.

재생에 관한 유대교와 기독교 역사는 안식일이 축하하는 의례(ceremony), 축제 기분, 그리고 기쁨이 수반되어야 함을 분명히 해 준다. 제3이사야서는 "안식일을 기쁨으로 그리고 여호와의 성일을 존귀하게 여기라"(사 58:13)는 명령을 전달한다.

비록 출처가 불분명할지라도 이해를 돕는 한 일화(anecdote)가 중세의 유대교 안에서 안식일에 누리는 기쁨의 중요성을 말해준다. 기쁨은 안식(Shabbat)에 너무나 필수적이어서 만약 개인의 기쁨이 금식에 있었다면 기뻐하라는 명령에도 불구하고 그 사람은 심지어 안식일에도 금식을 계속하도록 허락되었다. 이 규정은 소화불량인 사람을 위해 적절하게 적용되었다.

주후 321년에 그리스도인들이 자신들의 첫째 날을 안식일로 존중함에 따라 콘스탄틴 황제는 그 날자를 공휴일로 제정했다. 그리고 4, 5, 6세기의 웅장한 예식의 발달이 시작되었고, 오늘날까지 동방 기독교의 활기찬 중심 의례가 되기에 이르렀다. 여타 기독교를 통하여 예술적이고 심미적인 예배, 축제의 의복, 노래, 음악, 춤 및 특별한 음식이 규범(norm)이 되었다.

그러나 안식일의 가르침은 너무나 자주 정기적으로 문제점을 드러냈다. 이러한 증거로서 안식일의 기쁨을 통제하고 제한하며 단속하고자 하는 괴상한 욕구도 있었다. 예를 들면, 이런 경우는 주후 1세기 유대의 지나치게 견실한 법을 준수하면서 일어났고, 예수님은 안식일을 파괴하기 위해서가 아니라 준수하기 위해 그들의 규정을 깨뜨리려고 했다. 최근의 몇 세기 동안에, 커다란 기쁨을 주는 선택을 금지시키려는 명령 때문에 이런 일들이 등장했다. 예를 들면, 18세기의 스코틀랜드의 어느 마을의 규정에는 돛단배가 비록 운행이 쉽게할 수 있지만, 노를 젓는 배보다 더 즐거움을 주기 때문에, 일요일에는 노를 젓는 배가 돛단배보다 바람직하다고 기록했다.[30]

교회 안에서 이런 불편한 요소들은 안식일의 실천들을 다른 영적인 행위로부터 분리시킬 때 가장 확연하게 드러난다. 안식일의 실천을 시간을 거룩하게 하고, 사람들을 소집하며, 말씀을 찾고, 떡을 떼며, 세상을 수리하며 통합되는 공동체와 교회의 통전성(wholeness)으로 여기기 보다는, 일상의 삶과 연관되지 않으며 여러 공동체의 살아있는 연합에서 기인하지 않는 별개의 실천들로 인식하기 시작했다.

본래의 안식일 명령에는 의례가 윤리와, 예전이 치유와, 묵상이 공동체와 연합되어 있었고 오늘날까지 유대인들은 이것들을 분리하지 않는다. 그러나 너무나 많은 교회에서 이런 요소들을 부분적으로 유지하고 있을지라도, 다른 요소들과 서로 조화를 이루는 모자이크(mosaic)와 같은 형태를 우리는 가지고 있지 않다.[31] 민족이나 국가로서 우리는 **샤봇 샬롬**(*Shabot shalom*), 곧 안식일 평화에 특별히 익숙치 못하다.

사실, 오늘날 기독교의 세계가 안식일을 통해서 무엇을 해야 할지 모른다고 말하는 것이 진실일 것이다. 우리가 참여하는 안식일의 실천이

---

30   나는 이 이야기의 근원을 추적할 수 없었다.
31   이 부분에 관하여 다음을 보시오. H. Boone Porter in *The Day of Light: The Biblical and Liturgical Meaning of Sunday* (Greenwich, Conn.: Seabury Press, 1960), p. 63. 포터는 "근대 기독교 국가는 특정한 일요일 행위들의 그 어떤 것도 포기하지 않았다…. 포기했던 것은 이런 행위들을 다 함께 묶는 연합의 원리이다. 성만찬이 단순히 많은 경건의식 형태 중 하나가 되었다. 한편, 원시적인 성만찬은 온전한 복음이 공포했던 종합적인 의식이었고… 또한 기독교 **공동체**의 충만함이 실질적으로 경험되었다"고 적고 있다(이탤릭체 첨가됨).

약화되고 시들해진 이유는 '실종된 공동체' 때문이라고 나는 확신한다. 교회에서 혹은 주일이 아닌 경우 집이나 일터에서 혹은 주중 내내 온전성(integrity)과 통전성을 가지고 공동체의 축하에 참여할 수 없는 무능력함은 우리들 사이의 불일치(disunity), 특히 경제적, 교육적, 그리고 인종적 불일치에 대한 은유이다.

결국, 이것들은 그리스도의 찢기고 쪼개진 몸, 심지어 성만찬 안에서 현재 나타나고 있고, 수세기 동안의 교회 갈등에 의해 길들여진 불일치를 상징한다. 더욱 비극적인 것은 유대인 대학살(Holocaust)에서 절정을 이룬 악마적인 반유대주의뿐만 아니라, 수세기 동안 경멸의 가르침에 의해서 생성된 기독교와 유대교 사이의 분열이다.[32]

아마도 우리 자신의 공동체에서 안식일의 **재생**이 발생하지 못하는 이유는 우리가 지닌 유대인의 뿌리, 유대인의 피, 그리고 유대인 자매형제를 인정하지 못하는 우리의 실패뿐만 아니라, 우리의 불완전한 교회와 교회의 안팎에서 일어나는 계속된 서로 간의 분리 때문이다.

만약 서로에의 길이 막혀진 채로 남아있다면 공동체 안에서 재생을 격려하는 것은 어려운 일이다. 안식일은 죄의 근원적 의미들 중 하나가 분리라는 것을 우리에게 상기시키고, 사자가 양들과 함께 뛰놀지 않는 한, 안식일을 진실로 준수하는 것이 불가능함을 분명하게 해준다.

그러나 이런 분열에도 불구하고 안식일은 공동체에서 **재생**(re-creation)뿐 아니라 **재창조**(re-creation)의 상징과 명령으로 남아있다. 이것은 **틱쿤 올람**(*tikkun olam*), 즉 '세상의 수선'이라는 상징과 명령으로 남아있다. 충만하게 안식일을 사는 것은 활동의 거부가 아니라, 새로운

---

32 See Jules Isaac, *The Teaching of Contempt: Christian Roots of Anti-Semitism* (New York: Holt, Rinehart & Winston, 1964).

창조와 재생을 향해서 활동을 새롭게 하는 일이다. 큰 축제와 감사, 그리고 노래를 불러일으키는 용서와 자유, 그리고 예언적 정의의 전통이 함께 할 때, 안식일의 재창조는 주빌리의 사역이 된다.

그러나 좀 더 능동적인 주빌리 사역을 다루기 전에 우리는 필연적 동반 요소인 묵상과 일의 중단 그리고 기도하는 경청을 위해 멈춰야 한다. 이런 묵상과 중단 및 기도를 통해서 우리 자신뿐만 아니라 땅을 쉬게 하고 정규적인 안식일을 허락할 때, 우리는 주빌리의 소명을 주장하기 시작한다. 이것이 게으름도 아니고 나태함도 아님을 알기 때문에 우리는 침묵과 고독을 즐긴다. 이것은 주의 은혜의 때를 간절히 바라는 세상에서 주빌리의 사람들이 되는 데 필수적인 첫 단계이다.

◆ 추가적 성찰과 대화를 위해

1. 땅으로 하여금 쉬게 하라는 가르침에서 생겨나는 해방, 연결됨, 고통, 상상력, 그리고 세상의 수선이라는 주제들을 당신이 발견하게 되는 곳은 어디입니까?

2. 누가복음 4:16-20과 이사야서 61:1-2를 읽으십시오.
   이 구절들은 주빌리의 의미, 곧 '주의 은혜의 해'에 대해 당신에게 어떤 단서를 줍니까?

3. 레위기 25:1-7을 읽으십시오.
   안식일과 완전한 휴식이란 말이 당신에게 무엇을 제시합니까?

4. '땅을 위한 안식일'이 어떻게 지구와 당신의 관계를 형성합니까? 당신이 속한 더 큰 공동체 안에서 이 가르침이 교육과 영성을 위해 가지는 시사점은 무엇입니까?

5. 개인으로서 당신이 하나님의 임재를 위한 실천할 수 있는 방법은 무엇이 있겠습니까?
공동체 또는 교구의 구성원으로서?
국가와 세상의 시민으로서?

6. 언제, 어디서, 어떻게, 그리고 왜 당신은 **멈추며 쉬라고** 부름 받았습니까?

7. 더 큰 공동체와 사회가 공동체 안에서 휴식의 두 가지 의미, 즉 **재생** 및 **재창조**에 개입할 수 있도록 당신이 지원할 수 있는 방법은 무엇입니까?

제 3 장

세상의 존재 방식으로서 용서

1. 전주

 헬렌 프리진(Helen Prejean)은 범죄 피해자의 가족과 사형수감소 재소자들을 포용하는 감동적인 사역의 이야기를 통해, 두 형제인 패트릭과 에디 소니에르(Sonnier)에 의해 여자 친구와 함께 무참히 살해당한 열일곱 살 소년의 아버지와의 특별한 대화를 들려준다. 아버지 로이드 르블랑(Lloyd LeBlanc)은 사형선고 받은 패트릭의 수감에 만족한다고 헬렌에게 말했다.
 "르블랑은 사형집행 장소에 복수를 위해 온 것이 아니라 사죄를 기대하고 왔다"고 헬렌은 말한다. "패트릭 소니에르는 르블랑을 실망시키지 않았어요. 전기의자에 앉기 전 '르블랑씨, 에디와 내가 한 일을 용서해주기 바랍니다'라고 말했어요. 르블랑은 그에게 이미 용서했음을 머리를 끄덕이며 알려주었어요."¹라고 그녀는 회상한다.

용서는 주빌리의 두번째 전통이다. 나는 이 장을 시작하면서 주빌리가 용서의 의미에 기여한 것이 무엇인지 조사한다. 로이드 르블랑의 이야기를 독자들에게 제시하면서 이 이야기를 부적과 같이 자신들의 영혼의 안내자로 깊이 간직해 두기를 요청한다.

나는 이 장의 서두에서 내가 네 명의 저자로부터 빚을 지고 있음을 고백하는데, 그들 중 두 명은 주빌리를 이해하는데 필수적이며, 다른 두 명은 용서를 이해하는데 필수적이다. 나는 이미 뛰어난 주빌리 학자들이 있음을 지나가는 말로 언급했는데, 그들의 구체적인 공헌 때문에 나는 그들을 여기에서 지목한다.

『예수님, 해방 그리고 성경적 주빌리』(*Jesus, Liberation and the Biblical Jubilee*)를 호소력 있게 저술한 샤론 린지(Sharon H. Ringe)와 열정적으로 『예수님의 정치학』(*The Politics of Jesus*)을 서술한 안드레 트로메이(André Trocmé)를 전적으로 신뢰하는 존 요더(John Howard Yoder)이다. 용서를 연구하는 학자로는 『인간의 조건』(*The Human Condition*)의 한나 아렌트(Hannah Arendt)와 『용서 배우기』(*Learning to Forgive*)의 도리스 도넬리(Droris Donnelly)이다.² 장(chapter)들이 진행되어 갈 때, 그들에게 진 나의 빚이 분명해질 것이다.

---

1 Helen Prejean, *Dead Man Walking: An Eyewitness Account of the Death Penalty in the United States* (New York: Random House, 1993), p. 244.
2 Sharon H. Ringe, *Jesus, Liberation and the Biblical Jubilee* (Philadelphia: Fortress Press, 1985); John Howard Yoder, *The Politics of Jesus* (Grand Rapids: Wm. B. Eerdmans Publishing Co., 1972); André Trocmé, *Jesus and the Nonviolent Revolution* (Scottdale, Pa.: Herald Press, 1973), first published as *Jesus-Christ et la révolution non-violente* (Geneva: Labor and Fides, 1961); Hannah Arendt, *The Human Condition* (Chicago: University of Chicago Press, 1958), esp. pp. 236ff.; Doris Donnelly, *Learning to Forgive* (Nashville: Abingdon Press, 1979, reprint, 1990).

주빌리 용서의 근원을 알아내기 위해 나는 이번 장을 두 개의 주요한 부분으로 나누었다.

첫 번째는 단어와 구문, 그리고 용서의 집행자를 포함하는데 각각은 이 주빌리 전통을 분명히 밝혀준다. 나는 이 부분을 적어도 용서의 의미에 대한 일종의 입문으로 본다.

두 번째 부분에서 나는 세 개의 다른 질문들, 곧 무엇을 용서할 것인가?', '누구를 용서할 것인가?', '어떻게 용서할 것인가?'에 관한 대답을 성찰한다.

2. 용서에 관한 입문: 주요 용어들

용서는 주빌리의 본질적인 구성 요소이다. 주빌리가 강조하는 용서의 특별한 형태는 빚의 탕감이고, 이 주제에 관해서 모든 주석가들은 맨 처음 언급한다. 주빌리 용서는 '죄' 또는 '침해' 혹은 '잘못'의 사면과 함께 시작하는 것이 아니고, 금전적 빚이라는 특정한 채무의 제거와 더불어 시작한다. 이런 초기의 이해를 전달하기 위해 구약성경 구절과 신약성경에서 나타나는 몇몇 단어들이 사용된다.

예를 들면, 데로(deror)는 '해방', 특히 빚으로부터의 해방을 뜻하는 히브리어 단어이다. 구약성경에서 단 일곱 번 사용되었는데 그것이 출현할 때마다 이 단어는 주빌리를 언급한다.[3]

---

3 다음을 보시오. Mortimer Arias, "The Jubilee: A Paradigm for Mission Today," in *International Review of Mission* (Geneva: Commission on World Mission and Evangelism of WCC, January 1984), p. 38.

다른 용어들은 어원을 공유한다. 이것들 중에는 '경감하다', '빚을 면제하다', '쫓아 보내다'의 뜻을 지닌 아피에미(*aphiēmi*)가 있다. 그것은 명사인 아페시스(*aphesis*)로 70인역 성경에는 아피에나이(*aphiēnai*)로 나타나는 헬라어 단어이다.[4] 이런 단어들은 법적인 요건, 채무증서, 그리고 빚(특히 재정적인 것 - 역주)과 관련 있는 의무로부터의 해방, 기각, 석방, 면제를 언급하는 것으로 시작하기 때문에 중요하다. 그러나 이 용어들은 또한 죄의 제거와 죄에 대한 속죄로서 좀 더 일상적인 종교적, 윤리적, 도덕적 면에서의 용서를 언급할 수 있다.

내가 이 장에서 세상의 존재 방식으로 부르는 용서의 필요성을 주장한 예수님을 언급하면서, 한나 아렌트는 용서에 관한 이해를 더 깊이 확대시키는 두 개의 부가적인 용어를 지적한다. 어떤 이가 하루 동안에 우리에게 죄를 일곱 번 짓고 일곱 번 돌아와 "나는 회개한다"고 말하면 용서해야 한다고 예수님께서 말씀하실 때, 이런 돌이킴은 아피에나이(*aphiēnai*)와 더불어, 메타노에인(*metanoein*)의 한 예(example)라고 그녀는 기술한다. 메타노에인은 마음의 변화, 다시 돌아섬, 유대인들이 테슈바(*teshuvah*)라고 부르는 발자취를 거슬러 올라가는 것을 의미한다.[5] 그러나 여기서 용서란 또한 '침해'로 해석되고 번역되는 하마르타네인(*hamartanein*)을 지칭하는데, 그것은 표적을 놓치거나 실패하는 것 혹은 길을 잃어버림을 뜻한다.

주기도문에서 "우리가 우리에게 빚진 자를 용서하듯이 우리의 빚을 용서해 달라"고 기도할 때, 빚이란 단어는 엄밀히 말해 금전적인 빚을

---

4 다음을 보시오. Ringe, *Jesus, Liberation*, pp. 65-66.
5 Arendt, *The Human Condition*, p. 240. See also Judith Plaskow, *Standing Again at Sinai* (San Francisco: Harper San Francisco, 1990), p. 243.

의미하는 오페이레마(*opheilēma*)이므로 서론적 내용에 나는 시간을 할애한다. 예를 들어, 요더(Yoder)와 같은 몇몇 주석가들은 금전적 '빚'을 올바른 해석으로 언급하며, '죄 지음'으로 해석하는 사람들은 잘못되었다고 말한다.[6] 그리고 로즈메리 루써(Rosemary Radford Ruether)는 주기도문에서 '빚'은 종종 '죄' 혹은 '부당함' 또는 특히 '침해'의 의미로 대체되면서 영성화(spiritualized)되고 개인화(privatized)되었다고 독자들을 일깨운다.[7] 이 둘은 중요하고도 중대한 경고들이다.

여전히, 만약 우리가 "우리의 빚을 용서해주시고" 이외에 "우리가 우리를 침해한 사람을 용서한 것처럼 우리의 침해를 용서해달라"고 기도하는 사람들이라면, 비록 그것이 맞지 않고 정확하지 않은 해석일지라도 반드시 잘못된 것은 아니라고 나는 확신한다.

기독교 전통의 오래된 경험은 우리보다 앞선 세기에 이 문구로 기도했던 모두와 우리를 연결시키며, 이 문구 또한 우리를 신앙 생활에서 중요한 요소로서 용서의 실천으로 연결시킨다. 예수님이 빚의 탕감을 주빌리의 중요한 용서의 요소로 삼고 있음을 기억하면서, 교회의 오래된 역사는 주빌리의 사람들을 위해 필요한 다른 형태의 용서에 주목한다. 나는 독자들이 주빌리에 관해 발전된 현대적 이해를 갖는다면, "우리가 우리에게 죄 지은 자를 사하여 준 것같이 우리 죄를 사하여 주시고"와 "우리가 우리에게 빚진 자들을 사하여 준 것같이 우리의 빚을 사하

---

6 다음을 보시오. *Politics of Jesus*, p.66 요더는, "정확하게, 헬라어 본문의 오페이레마라는 단어는 가장 물질적인 의미에서 엄밀히 금전적 빚을 의미한다. 주기도문의 '우리 아버지'에서 예수님은 단순히 우리를 괴롭히거나 우리를 곤경에 빠뜨린 자를 용서할 수도 있다고 권고하지 않고, 우리에게 돈으로 진 빚을 소멸할 것을 말씀하고 있다. 이것은 주빌리를 실천하라는 뜻이다"라고 적고 있다.

7 Rosemary Radford Ruether, "What World Desperately Needs Is Jubilee Remission Debts," *National Catholic Reporter* (November 6, 1992).

여 주시고"라고 두 가지 모두를 현명하게 기도하며 우리가 용서를 구할 때, 우리는 주빌리 사람(jubilarians)으로 행동하는 것임을 고려해 보기를 요청한다. 왜냐하면 모든 기도 속에서 우리의 아버지(Our Father)라는 표현은 주빌리적(jubilary) 기도이기 때문이다.

레위기 25장으로 돌아가서 나는 용서에 관한 주빌리 가르침의 원천은 땅과 땅으로 하여금 쉬라는 명령에 연결됨을 지적하고자 한다. 시편 저자들이 알고 있듯이 "땅과 거기에 충만한 것과 세계와 그 가운데에 사는 자들은 다 여호와의 것이로다"(시 24:1). 그리고 레위기 25:23-38에 의하면, 부채 때문에 당신이 토지를 포기했을지라도, 주빌리의 해가 돌아오면 면제받는 당신의 권리는 결국 승인된다. 만약 당신이 빚을 갚기 위해 종살이를 하고 있었다면, 당신은 부채에서 탕감받고 석방된다.

그리고 만약 부모로서 당신이 일정한 금액을 받고 특정 기간 동안 당신의 자녀를 팔았다면 당신과 당신의 자녀는 석방된다(정규적으로 매춘과 강제노동에 자녀를 파는 일은 동남아시아와 그 밖의 나라에서 가난한 부모들에게 오늘날의 냉엄하고 절망적인 실제 상황이다). 주빌리의 해에 이르러서는 "그들과 그들의 자녀가 자유하리니"라고 레위기 25:54은 말한다.

1) 용서하는 자들

용서를 행했던 사람들에 관한 성찰은 주빌리 용서를 이해하기 위한 또다른 방법이다. 용서란 종교적, 심지어는 신학적 본질이라는 생각은 용서를 신성한 힘으로 제안하면서 즉시 하나님에게로 귀착시킨다. 비록 용서가 기독교인의 하나님께만 속한 것은 아닐지라도 신약과 그 이후의 기독교 신학에서 특히 예수님의 아버지인 하나님은 용서하는 이로 계속적으로 묘사되고 있다. 우리 중 누구도 주홍과 같이 붉은 죄를 씻어내고 그것들을 눈과 같이 희게 만드는 여호와(Yahweh)를 빠뜨려서는 안 된다.

용서란 요셉 캠벨(Joseph Campbell)이 언급했던 신화 속의 '하나님의 마스크'(mask of God, 인간에게 보이지 않으면서 역사하시는 하나님 - 역주)로 묘사될 수 있다. 만약 어떤 대상이 경외감을 불러일으키며, 우리를 우주 안에 살게 하고, 다른 사람들과 사회적 관계를 맺게 하며, 우리를 향해 심리적으로 우리의 존재를 해석한다면, 그 대상은 그런 마스크의 역할을 하는 것이다.

용서가 우리에게 경외감을 주거나, 창조 질서 속에서 우리의 위치를 깨닫게 하거나, 우리를 서로서로에게 연결하거나, 우리에게 우리 자신을 해석해 줄 때마다, 우리는 하나님을 만나는 것이며 신성한 마스크 중의 하나를 쓰는 것이다.[8] 하나님은 우리가 용서를 하는 방식을 따라 용서를 허락하시는 분이시며, 하나님의 내적 존재(만약 사람이 하나님의 심리를 말할 수 있다면)가 용서를 수여할 뿐만 아니라 용서 자체가 되시는 분도 하나님이시다.

그러나 하나님이 용서를 하는 유일한 분은 아니다. 홀로코스트 이후 활동한 유대인 작가 한나 아렌트는 놀랄만하고 때로는 날카로운 방식으로 예수님의 용서에 관심을 기울인다. 그녀는 용서가 인간에게 얼마나 최근의 일인지를 고찰한다. 그러면서 그녀는 용서를 단순히 개인적이며 대인관계적인 것이 아니라, 사회적이며 정치적인 것으로 강조하면서 주빌리에 대한 금세기의 도전 중의 하나인, 종교적 소명감의 재등

---

8 다음을 보시오. Joseph Campbell, *The Masks of God* (New York: Viking Press, 1959).

장을 고양시킨다.

아렌트는 나사렛 예수님을 인간사에 있어 용서의 역할을 발견한 사람으로 기록하고 있다. 그리고 비록 예수님이 종교적 맥락에서 용서를 찾았고 표현을 위해 종교적 언어를 사용했지만, 용서가 좀 더 세속적인 발견이었다 할지라도 인간성품에 용서가 중요하지 않다고 여길 이유는 전혀 없다고 그녀는 주장한다. 그녀는 진정한 정치적 삶으로부터 이러한 종교적 통찰을 배제하는 경향을 가진 정치 철학적 요소에 대해 애통해 한다.[9]

아렌트는 계속해서 용서의 실천이 함께하는 주빌리 세상을 창조하는 꿈과 조화로운 결론을 제공한다.

> 기독교의 종교적 메시지와 근본적으로 관련이 없고, 나사렛 예수님을 따르는 작고 긴밀하게 유착된 공동체, 곧 유대의 당국자들에게 도전하는 공동체의 경험에서 기원하는 예수께서 가르친 교훈의 일부는 비록 그 배타적인 종교적 성격 때문에 무시당했지만, 분명히 [이곳에, 용서의 실천에] 있다. 행동으로 인해 불가피하게 초래된 상처에 용서가 필수적인 개선책일 수 있다는 기초적 자각의 흔적은 전적으로 헬라인들에게는 알려지 않은 지혜이며, **정복당한 자**(*parcere subiectis*)를 구하려는 로마제국의 원칙이나 아마도 로마에서 기원한 듯한 사형 감형의 시각에서 발견된다. 이런 권리는 서구의 모든 국가원수의 특권이다.[10]

---

9 Arendt, *The Human Condition*, p. 239.
10 Ibid.

우리 인간들 역시 용서의 힘을 지니고 있다. 용서를 근본적인 성례전적 행동으로 만들면서 하나님만이 우리를 통해 용서하신 것이 아니다. 용서를 자기 복음의 핵심으로 만들면서 예수님만이 용서를 설교하신 것이 아니다. 하나님의 형상(*imago Dei*)인 우리 또한 용서의 힘을 소유하고 있다.

한나 아렌트로 다시 돌아가서, 만약 우리가 서로를 용서할 힘이 없다면 우리는 우리가 저지른 잘못을 돌이킬 수 없다는 것을 깨닫는 것이 중요하다.

> 우리 행동의 결과로부터 해방되고 용서받음 없이는 우리가 행동할 능력은 스스로 절대 회복할 수 없는 단 하나의 행동으로 제한될 것이다. 우리는 행동의 결과로 인한 피해자로 영원히 남아있을 것이다.[11]

아렌트는 이런 상황을 마법의 주문을 끊어 버릴 주문 공식이 부족했던 마술 견습생이 되는 것과 비교한다.

여기서 역설은 우리가 우리 자신을 용서할 수 없다는 것이다. 이런 상황에 처해있는 우리 모두는 반드시 사이좋게 지내려고 노력해야 한다. 우리 모두는 상호 간의 용서의 방식을 배워야만 한다. 용서하고 용서받는 것은 주빌리 세상을 만드는 데 필수적이며, 악에 대한 '필요한 개선책'이라는 관점에서 인류의 현실의 일부이며, 하나의 공동 운명체임을 깨닫게 하는 바르게함의 일부분이다.

---

11 Ibid., p. 237.

> 개인이 저지르는 배타적인 죄, 곧 긴밀하고 비밀스러운 죄와 가장 명백하게 개인적인 죄는 없다. 모든 죄는 다소간의 폭력과 다소간의 상처로… 인류 가족에게 영향을 끼친다.[12]

이런 주장은 틱 낫 한(Thich Nhat Hanh)이나 모한다스 간디(Mohandas Gandhi)에게서 나왔을 수도 있다. 그러나 실제로 이 언급은 요한 바오로 2세가 행한 것이고 상호성, 곧 모든 용서의 행위는 전(全) 인류 가족에 영향을 끼칠 수 있음을 고양시킨다.

더 나아가, 만약 우리가 우리의 능력 안에서 용서해야 하는 것을 용서하지 않는다면, 우리는 원수를 원수로 갚아 동등하게 하려는 보상을 기대하며 남겨두는 것이다. 그러나 용서를 통해서 우리는 폭력 종식의 가능성을 세워 나간다. 용서를 실천할 때 우리는 우리의 용서라는 개인적, 사회적, 정치적 행위의 한 결과로서 은혜의 현존을 나타낼 수도 있다는 것이다.

결국, 용서의 실천은 자유롭게 하는 잊어버림이 될 수 있다. 적어도 용서는 우리 자신과 타인의 악(evil)이 충돌하는 것을 뛰어넘어 우리로 하여금 함께 생존하게 할 것이다. 인류가 신의 용서를 구할 때 하나님께 대해 가지는 일반적인 전제로서 용서을 실천하며 습득한 것이 극복과 공존한다. 그러나 이러한 태도는 또한 주빌리 용서의 초기 징표 중 하나인 죄의 사면(amnesty)이 건망증(amnesia)과 동일한 어원을 가지고 있다

---

12 Pope John Paul II, *Reconciliatio et Paenitentiae*, p. 161, quoted in Doris Donnelly, "Some New Thoughts on Penance," in *PACE (Professional Approaches for Christian Educators)* 20 (Huntington, Ind.: Our Sunday Visitor, 1990-91), p. 198. 또한 다음을 보시오. Pierre Teilhard de Chardin, *The Divine Milieu* (New York: Harper & Brothers, 1960), p. 24.

는 인식에 기초하고 있다.

헬렌 프리진처럼 교도소에서 사역하는 엘레인 루렛(Elaine Roulet)이 말한 다음의 이야기는 이 신비로운 망각의 용서를 예증한다.

옛날에 한 현명한 여인이 살았습니다. 하나님이 그녀에게 이야기했고, 그녀가 하나님과 대화했다는 사실이 그녀를 알고 있던 모든 사람에게도 분명해졌습니다. 그러나 그 지역의 주교(bishop) 편에서 그녀는 걱정거리였고 그녀의 영향력을 약화시키려는 방법을 찾으며 고심했으며, 만약 모든 사실이 밝혀진다면 그녀는 가시였다. 어느 날 그는 어떻게 대처할 것인지를 확신하고 그녀에게 다음과 같이 말했다.

"현명한 여인이여, 하나님이 당신에게 이야기했고 당신이 하나님과 대화했다고 내가 들었습니다. 나의 가장 깊숙한 곳에 있는 죄를(주교가 되기 위해 그는 많은 죄를 지었다) 당신에게 나타내도록 하나님께 요청하여 당신이 하나님과 대화했음을 증명해 보이기를 바랍니다."

그녀는 정말로 하나님께 이야기했고 하나님은 실제로 그녀와 대화했기 때문에 그렇게 하겠다고 동의했다. 그래서 그 여인이 하나님의 응답을 주기로 약속한 날에 주교는 응답을 듣기 위해 다시 왔다. 주교는 그녀가 자신의 가장 깊숙한 곳의 죄들의 명목을 하나님께 탄원했는지 물었다. 그녀는 탄원했다고 대답했고 주교는 그녀에게 "하나님이 뭐라고 했나요?"라며 덧붙여 질문을 했다.

그녀는 즉시 대답했다. "하나님께서 '그 주교의 가장 깊은 곳의 죄들이라? 미안하지만 그 주교에게 내가 그것을 잊어버렸다고 말하라'고 말씀하셨습니다."[13]

3. 근원적인 질문들

주빌리 용서의 본질과 근원에 관해 탐구하게 되면, 실천의 관점에서 가장 근본적인 첫 번째 질문은 "무엇을 용서하나?"이다. 이 질문은 즉시 구체화되어야 한다. 왜냐하면 용서의 실천이 주빌리 사람들에게 개인적이든, 가족이든, 공동체이든, 혹은 국가이든 간에, 주빌리 사람들은 용서를 하고 용서를 요청하고 용서를 받는 일에 부름 받았음이 분명하기 때문이다.

"무엇을 용서하나?"는 실질적으로 "무엇을 용서받고 무엇을 위해 용서를 구하는가?"의 함축된 의미를 갖고 있다. 심지어 다음 질문 "누구를 용서하나?"는 "누구에 의해 용서받고 누구의 용서를 구하나?"를 내포하며, 마지막 질문인 "어떻게 용서하는가?"는 "어떤 방식으로 용서받는가?"를 의미한다.

"무엇을 용서하는가?"에 대한 응답으로 우리는 모든 것, 또는 적어도 우리가 할 수 있는 모든 것을 용서해야 한다는 것이다. 우리는 빚을 탕감하고, 죄와 침해를 용서해야 하며, 또한 누락(omissions)으로 인해 발생한 죄를 용서해야만 한다.

---

13 저자와의 사적인 대화에서, 엘레인 루렛. 나는 이 이야기의 최초의 근원지는 알지 못한다.

1) 무엇을 용서하나?

(1) 우리가 할 수 있는 모든 것을 용서하라

인간으로서 우리가 용서할 수 있는 모든 것을 용서하도록 우리는 부름 받았다. 아렌트는 우리가 처벌할 수 없는 것은 예외라고 주장한다. 이와 더불어, 그녀는 "우리가 처벌할 수 없는 것을 사람들은 용서할 수 있는 능력이 없고, 용서할 수 없는 것으로 판명된 것을 처벌할 능력이 없다는 점은 인간사의 영역에서 상당히 중요하고 구조적인 요소이다"[14] 라고 말한다.

때때로 문자적으로 땅에서가 아니라 하늘을 향해 복수를 외치는 행위로 이해되는 잔학행위들, 곧 우리의 모든 힘을 약화시키는 그런 행위들을 언급하면서, 아렌트는 '급진적인 악마'라는 문구를 사용한다. 이런 행위들은 무거운 맷돌을 악행자의 목에 매단 채로 바다 속으로 던지우는 것이 더 낫다고 하며 악행자의 책임을 물을 때 예수님이 언급하신 범죄들이다.

아우슈비츠(Auschwitz)와 비르케나우(Birkenau)를 구상하고 건설하였던 인간들, 그들 중 엘리 와이셀(Elie Wiesel)은 50년 후에 "비록 우리가 하나님의 자비하심을 알지라도, 하나님 제발, 이런 장소를 만든 사람들에게 자비를 갖지 마십시오"라고 말했다.[15]

한 여인의 전 생애와 그녀의 가족 그리고 때때로 그녀의 나라를 파멸

---

14 Arendt, *The Human Condition* p. 241.
15 아우슈비츠 해방의 50번째 기념을 기억하는 의식에서 엘리 와이셀(Elie Wiesel) "Survivors Pray at Crematories of Auschwitz," *New York Times*, January 27, 1995, sec. A, p. 6

시키는 강간범들, 캄보디아 집단학살 기간에 어린이들을 고문한 사람들, 어린이들이 서로 죽이고 불구로 만들도록 강압하기 위해 말로 형언할 수 없을 정도로 잔인하게 고안된 기구들을 만든 자들,[16] 또한 미국의 원주민 전체 종족을 몰살시킨 자들, 이 모든 일과 혹은 모든 사람을 용서할 수 없는 이들에게 공동체가 무엇을 지도할 수 있을까?

우리는 이 문제로 되돌아갈 것이다. 그런데 용서의 가르침에 대한 요청에 대한 대답들 중에는, 용서란 때때로 악한 일을 행한 자 편에서 용서를 요청하고 시간이 오래 지난 후에 가능하다는 것이다.

생각컨대, 범죄자의 요청에 따라 공동체는 공동체 구성원인 개인들의 이름으로 죄를 용서하거나 용서를 철회할 수도 있는데, 그들에게 구체적인 악한 행동들이 너무 직접적이거나 어려워서 부담이 되는 침해의 경험이기도 하다. 그러나 용서가 가능하지 않은 상황들이 있고 그 통제는 하나님께 맡겨져야만 한다.[17]

---

16 Roger Rosenblatt, *Children of War* (Garden City, N.Y.: Double-day Anchor Books, 1983), pp. 125-49; esp. p. 148.
17 1995년 4월 27일, 오하이오주 델라웨어의 감리교신학교에서 행해진 교수 특강에서 목회신학 교수인 엘레인 램샤우(Elaine Ramshaw)는 어린이를 대하는 부모들과 학대하는 배우자들, 그리고 힘 없는 자들에 대한 힘 있는 자들의 죄악과 같은 상황에서 힘의 불평등에 특별한 관심을 가지고 이 주제를 설명한다. 램샤우는 용서, 경계의 침범, 죄를 범하거나 학대하는 사람들과 피해를 당한 사람들 사이를 특징짓는 불평등의 강한 관계성을 설명한다.

(2) 빚(Debts)을 탕감하라

죄의 일부는 용서의 범위를 벗어날 수 있는 것처럼, 일부의 부채도 그러하다. 예를 들어, 이런 주빌리 지침을 개인이 돈을 벌어서 갚는 대학의 대출에 적용하려는 전제는 비현실적이다. 비록 그런 빚으로 인해 짓눌린 사람들을 위해 탕감의 요청이 시도해 볼만한 가치는 있을 것이다. 어쩌면 현재 채무자인 수령인은 동의한 계약 기간 동안 일을 해서 빚을 갚아야만 할 것 같다.

좀 더 쉬운 여건은 가족 구성원이 우리에게 빚을 졌을 때이다. 1966년 자동차 구입을 위해 700달러를 빌렸는데 아직 갚지 않은 시아주버니는 그를 위해서가 아니라 우리를 위해서 용서해야 한다. 이런 종류나 유사한 미회수된 부채 때문에 여러 해 동안 분개하는 것은 아마도 빌린 사람보다 빌려준 사람에게 더 많이 폭력적이며, 분노에 매달리는 것은 분명히 주빌리 용서의 정신에서 벗어난 것이다.

그러나 우리가 관심을 가져야 하는 부채는(가장 가난한 인구 20%가 전 세계의 수입의 1.4%를 차지하고, 만약 우리가 전 세계 부의 83%를 소유하고 있는 세계 인구의 20% 안에 있다면) 수년 전에 소위 개발도상국이라 불리는 아시아, 아프리카, 그리고 남미 국가들에 빌려준 대출로서, 복리로 계산되는 이자가 너무 커서 더 빈곤해진 국가들로 하여금 빚의 부담으로부터 빠져나올 수 없게 만든 부채이다.

시아주버니를 용서하는 것은 비교적 쉬운 반면 아직 많은 이들에게 국제적인(global) 죄와 빚에 필요한 탕감을 승인하는 것은 어려운 일이다. 심지어 부유한 나라들이 가난한 나라들의 부채를 탕감해야 하는 빚을 지고 있다고 가르치는 것도 우리는 받아들이기 어려울 것이다. 그리고 만약 부유한 나라들이 그들의 빚을 탕감하지 않는다면 부유한 나라들 또한 탕감받지 못할 것이다.

기업적 죄나 혹은 국제적으로 저질러지는 죄는 많은 가장된 모습들로 존재한다. 한 예로 세계은행은 "가난하고 빚이 있는 나라들이 자신의 빚을 갚기 위해 국민을 위한 직업과 교육과 건강과 복지의 발전에 필요한 지출을 수출품 생산이라는 하나의 목적을 위해 종속시키는 구조조정 정책"[18]을 주장한다.

최근에 가이아나(Guyana)와 수리남(Surinam)을 방문하고 뉴욕에 돌아온 나의 동료가 이런 나라들의 재정 자원 60%가 이런 빚을 지불하는 데에 사용되었다는 것을 상기시켜 주었다. 그들은 이런 짐의 무게에 의해 파괴되고 있는 나라들 중 두 나라이며, 이런 빚을 탕감하는 위치에 있음에도 그렇게 하지 못하는 우리들은 재정적으로 그들 국민의 죽음과 가난의 한 원인이 되고 있다.

이런 상황에서 용서에 관한 주빌리 전통은 주로 빚의 탕감이라는 측면에서 오늘날보다 더 적절하고 적용 가능했던 적이 없다. 비록 최근 10년 동안 남아프리카에서 취해진 조치들과 금세기에 미국의 인디언 시민들과 흑인들을 위한 차별철폐 조치에 의해 보상의 제공, 그리고 멕시코의 부채를 협상하려는 미국의 자발성(willingness) 등은 향후의 조처를 위한 모판이 될 것이다.

그럼에도 우리가 생각하는 보스니아-헤르체고비나, 체첸 공화국, 그리고 이스라엘/팔레스타인에서 있었던 죽음과 파괴에 대해 어떻게 토지를 반환할 수 있을지를 밝히는 것은 어려운 일이다.

---

18 Ruether, "What World Desperately Needs."

그러나 적어도 선의(goodwill)를 가진 모든 종교인들은 세계은행과 미국 정부가 지구의 절반(hemispheric)의 이웃을 짓누르고 있는 외국의 빚을 탕감하도록 탄원하는 데 따른 책임을 떠맡아야 한다. 지역의 교구와 회중들은 자신들보다 더 가난한 적어도 두 개의 공동체, 즉 자국에서 하나의 공동체와 해외에서 하나의 공동체와 함께 일해야만 한다.

그리고 주빌리의 해 2000년이 되기까지 매 해와 새로운 세기에 이어지는 해에는, 땅의 휴간뿐만 아니라 모든 빚의 탕감이 이뤄지는 경우에 하나의 주빌리가 선포된 것으로 간주되어야 한다.

(3) 죄와 침해를 용서하라

여기서 죄(sin)와 침해(*trespasse*)는 우리가 의식은 하지만 알지 못하거나 어떻게 용서해야 할지 또는 용서를 어떻게 구해야 할지 이해할 수 없는 경우들을 포함한다. 예를 들어, 나는 임상심리학자인 어떤 친구를 생각하는데, 업무로 인해 그녀가 일하는 연방 감옥에서 처형을 담당하는 직원들과 접촉할 수 있었다.

정기적으로 수감자들은 상담을 위해 방문하는데 자신들이 잘못을 저질렀다는 확신뿐만 아니라, 이런 신념으로 인해 갖게 된 신체의 증거인 물리적 징후를 설명한다. 비록 그들의 주(state)와 국가가 그들에게 용서할 수 없다고 말하고 우리 또한 그들의 동료 시민들로 조용히 그들의 죽임을 후원하고 있지만, 그들이 악한 어떤 일에 참여했고 용서받아야 하므로 종종 커다란 정신적 외상을 경험하기도 한다.

이것은 자신들의 행동이 잘못된 장소에서 일어나는 사람들의 경험이다. 그 반대의 경우도 역시 발생한다. 때때로 사람들은 잘못으로 여기는 행동이 실제 전혀 죄가 되지 않다는 것을 점차로 깨달아 왔다.

이런 경우의 예로, 여성의 죄는 보통 자부심과 자기 사랑, 그리고 권력에의 의지가 아니라는 여성학자 발레리 세이빙(Valerie Saiving)의 결론에서 나타난다. 하지만 많은 기독교 윤리학자들이 이런 성품들을 여성의 죄의 의미라고 가르쳐왔다. 오히려, 여성들의 죄는 사소한 것, 말의 수다, 자신의 정의(definition)에 대해 다른 사람을 의존하고 자기 스스로 정의하기를 거부하는 것일 가능성이 훨씬 더 크다.[19]

마찬가지로 나이 어린아이들은 때때로 에프(f), 에스(s) 또는 디(d)로 시작하는 욕을 말하면서 정상적이고 건전한 성적 호기심에 대해 벌을 받고 난 후에 스스로 죄를 지었다고 믿는다. 극작가 브라이언 프리엘(Brian Friel)의 가장 가슴 아픈 이야기들 중 하나인 '나의 죄들 중 첫 번째'는 그의 삶에서 무엇이 정말 죄인지에 관해 떠오르는 의식에 관한 일곱 살 소년의 설명이다.

비록 그가 누나를 괴롭혔고, 친구들을 주먹으로 쳤으며, 연상의 이웃의 속바지 색깔을 알아내려 시도했다는 사실로 신부님과 첫 만남에서 죄를 고백해야 한다고 어머니가 계속 상기시켰지만, 그 아이는 그 어떤 것에도 죄책감을 느끼지 않는다.

대신에, 자신의 가족과 함께 살고 있던 삼촌에 의해 저질러진 오래전의 절도에 대해 알고 있던 것을 말했던 것이 그로 하여금 엄청난 상처에 대한 책임을 지게했다. 그의 삼촌은 가정에서 내쫓겨나면서, 비록 그

---

19 다음을 보시오. Valerie Saiving, "The Human Situation: A Feminine View," in *Womanspirit Rising*, ed. Carol Christ and Judith Plaskow (New York: Harper & Row, 1979), pp. 29-42. 본래 *Journal of Religion* (April 1960)ⓒUniversity of Chicago Press에서 출판된 것으로 그것은 남성과 여성이 그들의 삶의 정황과 자신에 대한 이해가 다르기 때문에 종종 다른 방식으로 죄를 범한다는 결론에 이른 세이빙의 설명이다.

의 엄마가 거론하는 방식은 아니지만, 자신이 죄를 저질렀다는 것과 용서받아야 할 필요가 있음을 소년은 인식하게 된다.[20]

(4) 누락(Omissions)을 용서하시오

죄에 대한 하나의 문답식 가르침은 그것을 '어느 고의적인 사고(thought), 단어, 행동, 또는 하나님의 법에 반하는 누락'으로 부른다. 여기서 누락이란 우리가 어떤 것을 빠뜨리고, 수행되어야 할 것을 무시하며, 또는 우리가 무엇을 행했는지, 우리가 어떻게 상상도 할 수 없을 정도로 타인에게 피해를 끼치는지를 알아차리지 못함으로 저지르는 범죄(offenses)를 뜻한다. 이것은 "가난한 사람들이 그들에게 행한 당신의 자선을 용서하기를 기도하시오"라고 한 빈센트 드 폴(Vincent de Paul)의 충고와 관련된 영역이다. 여기서의 범죄는 죄책감의 분야라기보다는 책임감의 분야이고 특권이란 개념과 관련이 있다.

제1장에서 나는 비록 정치적 영성을 가진 사람들이 종종 그들 자신만의 특권을 잘 알아차리지 못하고, 신비적인 영성을 가진 사람들은 종종 사회적 세상에 대해 잘 인식하지 못할지라도, 생명력 있는 영성은 신비적이며 정치적일 것이라는 주디스 플라스코(Judith Plaskow)의 논평을 기술했다. 동일한 논평이 누락에 관해 사용될 수 있다.

용서는 우리가 행한 것을 위해서 뿐만 아니라 기독교 예식서가 용서를 위한 기도를 지시하듯이, '우리가 하려고 했으나 실패한 것을 위해서'도 필요할지 모른다. 우리가 하려고 했으나 실패한 것은 인종적, 성

---

20 Brian Friel, "The First of My Sins," in Brian Friel, *The Gold in the Sea* (Garden City, N.Y.: Doubleday, 1966), pp. 155-66.

별적, 경제적, 교육적 특권이나, 혹은 심지어 우리의 자녀와의 관계에서 어른의 특권이든지 간에 우리가 특권임을 깨닫지 못할 때, 정규적으로 발생하는 것은 아닌가 생각된다.

이 주제에 관해, 백인이라는 이유로 누리는 페기 멕킨토쉬(Peggy McIntosh)의 마흔 여섯 가지의 예들이 있다. 곧, "언제나 나는 혼자서 쇼핑 갈 수 있다. 나는 상점의 경비원이 귀찮게 하거나 감시하지 않을 것이라고 자주 확신한다", "내 자녀들은 자신의 인종의 존재를 확인해 주는 커리큘럼 자료를 받을 것이라고 나는 확신할 수 있다", "나는 내가 속한 인종 그룹의 모든 사람들을 대신해 말할 것을 요청받지 않을 것이다." 이런 예증은 특권 의식에 대한 적절한 확인이다.[21]

이런 생각들은 자신도 모르게 우리가 우리 것이라고 가정하는 특권에 대한 관용을 요구하게 될 것이다. 이런 특권 의식은 일상 속에서 우리의 특권에 부합하는 정의로운 일과 우리가 너무나 우리의 삶에서 자주 빠뜨리는 일로부터 무감각하게 만든다.

2) 누구를 용서하나?

다음으로 물어야 할 근본적인 질문은 "누구를 용서하나(그리고 누구에 의해 용서를 받나)?"이다. 대답은 우리의 가족들, 가족과 같은 또는 우리와 친밀한 관계가 있는 사람들, 우리 국민이 해를 끼친 사람들, 우리에 죄를 지은 사람들의 죄가 너무 커서 용서하기가 불가능한 사람들, 그

---

21 다음을 보시오. Peggy McIntosh, "White Privilege and Male Privilege: A Personal Account of Coming to See Correspondences through Work in Women's Studies." (1986년 4월 버지니아 여성학 연합 컨퍼런스에서 발표된 페이퍼)

리고 경우에 따라서는 우리 자신들이다.

(1) 우리의 가족들

많은 사람들에게 가족의 용서는 종종 가장 어려운 일이다. 우리의 부모님, 형제자매들, 배우자들, 전(former) 배우자들, 성인 자녀들, 특히 만약 죄가 그들이 보호해 주었어야 할 사람을 향해 좀 더 힘있는 사람들에 의해 저질러졌다면 더욱 그렇다. 그 누구도 어린 시절부터 알고 지내온 사람들보다 우리를 더 아프게 할 수 없기 때문에 가족의 용서는 또한 어렵다.

창세기에서 발견되는 요셉의 이야기는 가족의 죄와 가족의 용서에 관한 적절한 사례이다. 『하나님이 어떻게 요나를 고치나』(*How God Fix Jonah*)라는 책에서 로렌즈 그라햄(Lorenz Graham)은 요셉이 그의 용서를 말할 때 극적인 순간에 관한 이야기를 위해 영어의 서아프리카 버전(version)을 사용한다. 물론 요셉은 어렸을 때 특히 그의 형들보다 우월함에 관한 꿈 이야기를 할 때 자만과 자부심, 그리고 무감각한 입술의 경솔함에 대해 자신을 용서할 근거를 가졌다. 그러나 그를 노예로 팔아버린 형들의 행위는 이런 잘못에는 적합하지 않은 벌이었다.

그러나 이제 수십 년 후 이집트 여행을 통해 기근으로부터 해방된 그 형들이 가나안 집에 돌아온다. 요셉의 은잔이 형들의 자루에서 발견되었고, 그들은 도둑으로 피소되었다.

> 그 형들은 두려워하며 간청한다
> 그리고 요셉의 심장은 안에서 커진다

그는 모든 사람을 밖으로 내보내고
작게 흐느낀다.

그의 형들이 보고 의아해한다
그러나 요셉은 각자의 이름을 부르고
그런 다음 가나안 말투로 말한다
"이 사람 요셉은 당신의 동생입니다"
그의 형들은 아무 말도 할 수 없다
그들은 그들이 있는 장소를 볼 수 없다
그들은 가나안 땅의 쌀 농장과
요셉의 꾸러미를 왕처럼 본다
그들은 노예를 가진 만딩고족 상인들을
그리고 코트를 입은 노인 야곱을 본다
그러나 요셉은
"신경 쓰지 마세요. 하나님 손이 행한 일은 문제를 고칩니다"
라고 부드럽게 말한다.[22]

여기 가족의 용서에 관한 한 마디가 있다. "신경 쓰지 마세요. 하나님 손이 행한 일은 문제를 고칩니다."

---

22 Lorenz Graham, *How God Fix Jonah* (New York: Reynal & Hitchcock, 1946); 다음의 책자에서 엘레인 램샤우에 의해 자세히 말해졌다. "The Best of the Bible Story Books for Children," *PACE* 19 (Winona, Minn.: St. Mary's Press, 1989-90), p. 156.

(2) 우리의 지인들

우리는 가족과 같은, 우리 삶에 개인적이거나 혹은 친밀한 유대감을 지닌 사람들을 용서해야 한다. 죄를 저지르는 사람들은 일반적으로 그들이 저지르고 있는 해악을 우선 인식하고 용서를 구해야 한다는 것을 보여주는 사례가 있다.

오스카 로메로(Oscar Romero)의 일기에서 하나의 예가 발견되는데, 곧 순교하게 될 대주교가 그의 동료 주교들로부터 겪는 고통을 묘사하고 있다. 그들 중 몇 사람과의 만남을 돌아보며 그는 다음과 같이 기록하고 있다.

> 나는 다른 주교들이 저지르는 많은 거짓된 비난에 굴복하지 않으면 안 되었다. 내 설교가 파괴적이고 폭력적이라고, 나의 사제(priests)들이 농부들 사이에 폭력적 분위기를 선동한다고, 그리고 권력자들이 저지르고 있는 폐악에 관해 우리는 불평해서는 안 된다고 나는 들었다… 이 사건 때문에 씁쓸한 날이었고 나는 주교들 사이의 분열이 더 악화될 것이라는 점을 애도한다.[23]

다른 사례로, 로마 교황 사절단이 로메로를 피한다고 느껴졌을 때, 그는 다음과 같이 적고 있다.

---

[23] Oscar Romero, *A Shepherd's Diary*, trans. Irene Hodgson (Cincinnati: St. Anthony Messenger Press, 1993), p. 24.

나는 나를 하찮게 만들려고 하는, 똑같은 욕구를 주교들 사이에서 알아차렸다. 다른 한편으로는 내가 교회를 떠났을 때 사람들은 내게 따뜻한 갈채를 보냈다… 나는 그 어떤 공허를 느끼지 않고 오히려 자신들의 예언자와 목회자들로부터 더욱 더 깊은 연대를 기대하는 사람들과의 조화로움 속에서 기쁨을 느낀다.[24]

자신이 살해되기 2주 전 로메로는 다음과 같이 적고 있다.

(두 명의 주교가) 나를 공격했을 때, 우리가 깊은 연대감에 관해 많은 것을 성취하지 못했다는 것이 두렵다. 하나님이 심판하실 것이다. 내 입장에서 복음이 승리하고 우리 모두 진리에로, 하나님과 이웃에의 섬김에로 전환될 수 있도록 나는 이 모든 희생과 불쾌감을 신에게 바치고 싶다.[25]

비난이 너무나 가까운 사람들로부터 왔다는 로메로의 고통을 사람은 단지 상상할 뿐이다. 그 고통을 가한 사람들이 결국 회개하고 용서를 구했다는 것을 사람들은 단지 희망할 뿐이다.

---

24 Ibid., p. 392.
25 Ibid., p. 522.

(3) 우리 국민이 해를 끼친 사람들

많은 경우, 용서가 이뤄지고 있다고 느껴지기 전에 우리는 말 또는 행동으로 용서를 구해야만 한다. 이것은 특히 세 번째 예, 곧 우리 국민이 해를 끼쳤던 사람들의 용서를 구해야 하는 경우 사실이다. 노트르담 대학의 레지나 콜(Regina Coll)이 서술했던 경험을 보면, 말과 행동에서 모두가 필요한 것이 명백하다.

백인인 레지나는 매우 감동적인 예전의식으로 알려진 흑인 천주교 교구의 구성원이다. 부활절 주간 성목요일에 세족식을 준비하면서 신부는 레지나에게 요청하기를 자신이 먼저 발을 씻어주는 처음 열두 명에 참여하고, 이후 나머지 회중들의 발을 씻어주는 의식(ritual)에 참여할 수 있는지 물었다.

그녀는 동의했다. 그리고 약속된 시간이 되었을 때 목사는 그녀 앞에 무릎을 꿇고 그녀의 발을 씻기었다. 그런 다음, 그는 발의 물기를 닦으면서 잠시 멈추고 공식적인 규정에 없는 말로 그녀에게 이야기했다. "레지나, 나는 우리 교회의 너무 많은 남성들이 많은 여성인 당신들에게 행한 것을 사과합니다. 당신의 용서를 구합니다"라고 그는 말했다.

그의 행동뿐만 아니라 그의 말에 감명 받아 레지나의 "눈물이 눈으로 가득 찼다"(e.e.cummings의 구문에 의하면).[26] 그때 한 여성이 자신의 발을 씻어주기를 기다린다는 것을 레지나는 알아챘고, 자신이 할 수 있다고 생각했다. 레지나는 그 여성의 발을 씻길 수 있는지 물었고 그녀가

---

26 호레이스 그레고리의 소개 부분이 있는 다음의 책을 보시오. e.e. cummings, *A Selection of Poems* (New York: Harcourt, Brace & World, 1963; reprint, 1965), p. 143.

동의했다. 발을 닦으면서 그녀는 잠시 멈추고 공식적인 규정에 없는 말을 했다. 그녀는 "미안합니다, 백인인 우리들 중 너무 많은 사람이 흑인인 당신들에게 했던 일과 지금도 계속하고 있는 것에 대해 사과합니다. 당신의 용서를 구합니다"라고 말했다.

흑인 여성의 용서의 표시에 레지나는 놀라지 않았다. 레지나가 말했던 인종차별에 대한 상징적, 성례적 응답으로 다른 많은 흑인 여성들이 했던 것처럼 그녀는 머리를 끄덕여 용서를 표시했다. 인종차별에 대한 용서를 거절하는 위험을 돌처럼 존재하는 '정신 시스템의 매듭'(막힘)[27]이라고 불렀던 앨리스 워커(Alice Walker)의 말처럼, 그 흑인 여성은 회개가 진심일 때 용서를 거절하는 것은 이미 상처받은 영혼에 해를 끼치는 것이라는 사실을 인정한 것이었다.

주빌리 살아내기를 추구하는 미국인들에게 이 이야기는 미국의 백인들이 저지르는 거대한 국가적 죄, 즉 인종차별을 상기시킨다. 그것은 니세이(Nisei)로 알려진 인종차별이다. 제2차 세계대전 동안 일본계 미국인들은 강제 격리되었고 미국 정부는 50년이 지난 후 금전적 보상금의 형태로 부분적 용서를 그들에게 구했던 것이다. 이것은 히로시마와 나가사키 도시가 미국에 의해 피폭된지 50주년을 맞이하고 보내면서, 그 도시 사람들에게 여전히 필요한 표현인 용서를 떠올리게 한다.

무엇보다도, 이것은 이 나라의 흑인이 아닌 대다수 많은 이들에 의해 약 4백여 년 전 미국 해변가에 처음 도착한 흑인들의 후손들로부터 용서가 아직 요청하지 않았음을 상기시키는 것이다.[28]

---

27 1993년 11월 8일 PBS 방송 Charlie Rose라는 프로그램에서 찰리 로즈가 행한 앨리스 워커와의 인터뷰.
28 1995년 6월, 미국 남침례교 연례회의는 자신들의 노예 역사와 인종차별을 비난하며 총괄적인 선언문을 만들었고, 현재와 과거 미국 흑인들에게 용서를 구했다.

(4) 용서하기 불가능한 사람들

네 번째 범주는 죄를 너무 크게 지어서 용서하기 불가능해 보이는 사람들을 포함한다. 그럼에도 피해자들은 여전히 용서하도록 강요받는 자신들을 발견한다. 이 장의 시작 부분에서 인용되었던 로이드 르블랑이 하나의 예증이며, 코리 텐 붐(Corrie ten Boom)은 또 다른 예이다.

코리 텐 붐이 나치의 유대인 학살 동안 그녀의 여동생 벳치(Betsie)가 죽었던 캠프에서 석방된 후, 적들을 용서할 필요에 대해 강의하고 설교했다. 어느 날 저녁 강의 후에, 그녀가 쇼츠스타펄(SS, 히틀러와 나치 군대 하에 있던 준군사기관 - 역주) 경호원으로 알아본 한 남자의 인사를 레이번스브룩(Ravensbruck) 수용소의 처리센터(processing center) 안에 있는 샤워실에서 받았다.

> "프라우레인, 당신의 메시지가 내게 얼마나 고마운지요"라고 그가 말했다. "당신이 말하듯이, 그것을 생각하니 그가 내 죄를 씻어냈습니다!" 그러자 방을 꽉 채운 조롱하고 있는 사람들, 옷 더미들, 고통으로 창백해진 벳치의 얼굴 등 이 모든 것이 갑자기 거기에 펼쳐졌다. 내 손과 악수하기 위해 그가 손을 내밀었다. 그리고 블로이멘달(Bloemendaal)에 있는 사람들에게 그렇게 자주 용서의 필요성을 설교했던 나는 내 손을 계속 옆구리에 두었다. 심지어 화가 난, 복수심이 가득한 생각들이 나를 격노하게 했을 때 나는 죄를 보았다. 예수 그리스도는 이 사람을 위해 죽었다. 내가 더 많은 것을 요구하려 했나? 나는 구주 예수님이 나를 용서하시고 그를 용서할 수 있

도록 도와주시기를 기도했다. 나는 웃으려 애썼다. 나는 내 손을 들어 올리려 고분분투했다. 나는 할 수 없었다. 나는 아무것도, 조금의 따뜻함이나 자선도 느낄 수 없었다. 그래서 나는 다시 침묵의 기도를 했다. "예수님 나는 그를 용서할 수 없습니다. 내게 당신의 용서를 주십시오." 그리고 내가 그의 손을 잡자 가장 믿을 수 없는 일이 발생했다. 나를 거의 압도했던 이 이방인을 위한 사랑이 갑자기 내 마음 속에 일어나는 반면 내 어깨로부터 내 팔을 따라 내 손을 통해 하나의 흐름이 나로부터 그에게로 전해지는 것 같았다. 그래서 나는 세상의 치유가 우리의 선함에 있는 것이 아니듯 우리의 용서에 있는 것이 아니라 그(예수님)에게 달려있다는 것을 발견했다. 그가 우리의 원수를 사랑하라고 우리에게 말씀할 때 그는 명령과 더불어 사랑 자체를 준다.[29]

(5) 우리 자신들

대부분의 경우 우리는 우리가 다른 사람들에게 행한 것 때문에 우리 자신을 용서하지 못한다. 용서는 우리의 것이 아니라 그들의 특권이고 대부분의 경우 우리 자신을 용서하는 것은 피상적이고 초점이 어긋난 행동이다. 그러나 우리가 자신을 죄인으로 깨달은 은총을 받았더라도, 여전히 우리는 자신을 정죄하지 않고 우리의 삶을 지속해야만 하는 상황들이 있다.

---

29 Corrie ten Boom, *The Hiding Place* (Old Tappan, N.J.: Fleming H. Revell Books, 1971), p. 238. 이 이야기를 위해 도리스 도넬리에게서 도움을 받았다.

아마도 우리는 우리의 성질과 중독성, 허무감과 오만, 잘난 체함과 의무 수행의 실패, 그리고 당위적 존재가 되지 못한 실패에 대해 격언과 같은 칠십 번씩 일곱 번만큼이나 자주 우리 자신을 용서할 필요가 있을 것이다.

나는 샌프란시스코에 있는 분주한 에이즈 병동 문에서 마지막 질문, "시청자에게 말해야 하는 것이 더 있나요?"라며 인터뷰를 마쳤던 텔레비전 리포터가 떠오른다. 병동으로 그를 안내했던 간호사는 잠시 생각했다. 그런 다음 한 가지가 있음을 깨달았다. "예, 그들에게 그들 자신을 용서하라고 말하세요. 특히 젊음을 영원토록 추구하는 그들이 점점 나이 들어갈 때에도, 그들 자신을 용서하라고 말하세요. 그것은 너무나 많은 이들에게 인정되지 못한 특권입니다"라고, 그녀는 자신의 일에서 배웠던 것을 성찰하면서 부드럽게 대답했다.

3) 어떻게 용서하나(그리고 용서를 받나)?

(1) 우리가 준비되었을 때

때때로 용서와 죄악의 인식은 아주 오랜 시간이 걸린다. 1994년과 1995년 투이(Tuohy) 강의를 하고 이 원고를 쓰면서, 세상이라는 무대에서 시행되는 현세적인 역동성을 보는 것은 내게 놀랄만한 경험이었다.

디데이(D-Day, 1944년 6월 6일로 노르망디 상륙작전 개시일 - 역주)를 기념하는 1994년의 6월을 시작하면서, 세계의 뉴스들은 제2차 세계대전 분쟁 당사자들 간의 기억과 회환, 그리고 용서의 요청에 관한 일상적 표현도 포함했다.

1994년 8월 마닐라의 한 신문기사의 표제는 "일본이 '위안부 여성'에게 속죄하기 위해 도움을 제공하다"이다. 독일의 대통령 로만 헤르조그(Roman Herzog)는 바르샤바 게토(ghetto)에서의 폭동 50주년 기념일에 즈음하여 폴란드계 유대인들에게 "나는 독일인이 당신들에게 행한 것에 대한 용서를 바랍니다"라고 고백했다.

"리투아니아인은 유대인들에 반대하여 저지른 범죄에 대해 뉘우침을 구한다"는 빌뉴스(Vilnius)에서 들어온 또 다른 신문 기사의 표제이다. 일본 천황 아키토(Akhito)는 미국에서 국빈예우 후에, 비록 그가 1941년에는 단지 어린 소년이었지만, 진주만에 들렀다.

1995년 2월에 두 명의 수필가는 마침내 전쟁 피해자로서의 평범한 독일인들에게로 관심을 가지고 이렇게 표현했다. "이 피투성이 세기에 독일인은 그들에 반대해서 저질러진 죄보다 더 많은 죄를 지어왔습니다. 그러므로 많은 50주년 기념행사의 그 어떤 것도 독일의 희생자 의식을 표시할 수 없었습니다. 지금까지도."

독일 데어 슈피겔(Der Spiegel)의 작가 크리스티안 하베(Habbe)와 미국 국무부의 작가 도날드 코브리츠(Koblitz)는 영국과 미국의 공군이 파괴되지 않았다는 이유만으로 소이탄 폭격을 선택했던, 그 어떤 군사적 목표물도 없었던 도시 드레스덴(Dresden)의 끔찍한 상황을 자세하게 되살린다. 이런 회상은 스트레인지러브 박사(Dr. Strangelove, 풍자와 빈정대는 유머가 담긴 정치적 영화 - 역주)를 생각나게 하는 결정이다.

홀로코스트는 이런 생각할 수 없는 공포였고, 나치 독재는 유례없이 악랄했기 때문에 50만 명 이상의 무방비 상태의 민간인들을 향해 전쟁 말기 저질러진 계산된 폭탄 투하는 거의 알려지지 않았다. 그럼에도 이 두 명의 작가는 소이탄 폭격이 '드레스덴을 덮친 죄'였다고 말한다. 그리고 사람들은 도덕적 잔학 행위인 죄에 관해 공개적으로 말하기 시작했고, 왜 그것이 발생했는지 묻기 시작했다.[30]

나는 이러한 이야기들이 세계적이고 현세적인 범죄 이후에 맞이하는 49번째와 50번째 해에 우리에게 동반하는 문제로서 주빌리와 관련하여 주목할 만한 것임을 발견한다. 그러나 나는 이런 이야기들을 용서의 속성이 가지는 세속적 가르침 속에서도 발견한다. 특히 원자폭탄 사용과 일본의 이오섬(Iwo Jima) 참전 용사의 귀환을 애도하면서 스미스소니언 박물관 전시를 철거하는 경우처럼, 용서를 위한 시간이 아직 도래하지 않았던 때이었다.

종종 시간을 '지금'이라고 표시하는 상황들의 융합은 시간이 아주 오래 걸린다. 용서는 준비될 때만 그리고 종종 죄를 짓는 편에서의 진정한 회개가 있을 때만 찾아온다.

개인적 관계를 위해 주의할 것은 우리가 회개하거나 용서를 수용하는 일은 50년이 걸리지 않을 수도 있다는 것이다. 그러므로 자신을 배반하려는 사람에게 한 피해자가 말한 것으로 다시 표현하자면, "네가 하는 일을 속히 하라"(요 13:27b).[31]

(2) 되돌아옴과 순례 여행을 통해서

나는 10년 전에 다카우(Dachau, 독일 뮌헨 부근에 있는 나치의 강제포로수용소가 있던 곳 - 역주)를 처음 방문했다. 나는 모든 시간을 공부하고 기

---

30 Christian Habbe and Donald Koblitz, "Dresden's Undying Embers," *New York Times*, February 12, 1995.
31 요한복음에 기록되었듯이, 이 단어들은 최후의 만찬에서 유다를 향해 예수님이 말씀하신 것이다.

억하면서 그런 다음 쉐마를 반복하면서 침묵과 기도 속에서 준비했다. 나는 애도 훈련을 나의 순례에 포함시켰다. 나의 독일 방문에는 어려움이 있었다. 왜냐하면 어린 시절 이후 나는 독일을 순교의 피와 연관시켜 왔고, 한 국가가 사람들에게 행한 일을 관련시켜 왔기 때문이다.

날씨가 춥고 눈이 내리는 날 나는 캠프를 통하면서 기념비와 화장터, 그리고 조용한 외딴 막사에 잠시 방문했다. 되돌아오는 길은 그 자체로 내게 새로운 무언가를 가르쳤다. 그 방문 일정이 반절쯤 지났을 때 하나의 생각이 내게 떠올랐다. "이것은 단지 나치에 관한 것만이 아니야! 마리아, 그것은 너에 관한 것이다. 심지어 네가 이미 행했던 악에 관한 것으로서 그것은 네가 할 수 있는 악에 관한 것이다."

나는 히로시마로 돌아와서 수백 명의 일본인 어린이들에 둘러쌓인 평화의 공원을 통과해 걸어가면서 비슷한 가르침을 깨달았다. 나는 1942년에 폭격으로 파괴된 채 남겨진 코벤트리(Coventry) 대성당 건물의 바깥 울타리 사이를 걸어가면서 역시 이런 깨달음을 발견했다. 다시 지어져서 반짝거리며 새로운 장소가 되버린 곳으로 두번의 여행은 내게 죽음과 부활의 이미지를 제공했다.

평화를 위한 증인으로서 중앙아메리카 국가들의 국경에 서는 사람들이 동일한 감동을 경험한다고 나는 믿는다. 그러나 되돌아옴은 반드시 외국으로의 여행을 수반하지는 않는다. 이것은 노숙자들을 위한 무료급식소나 학대 받는 여성을 위한 가장 가까운 쉼터처럼 접근 가능하다. 이런 장소로의 테슈바(*teshuvah*, 본래의 상태로 되돌아옴 - 역주)는 용서를 요구한다. 즉 우리의 자기만족, 세계에서 일어나는 자원의 불평등한 분배의 용인, 서로에 대한 우리의 보편적 형제애와 자매애의 소홀에 관해 용서를 요청하는 것이다.

(3) 의식(Ritual)에 의해

종교계에서 회개에 관해 현대적이며 협동의 의례로 가장 잘 알려진 것 중의 하나는 연례 행사인 욤 하쇼아(Yom Ha'Shoah) 기념제로, 유대인 뿐 아니라 개신교 가운데 많은 교단들이 성구집에 포함시켜 실행하고 있다. 용서를 위한 예식 기도(ritual prayer)는 종교 자체만큼 오래되었다. 사막으로 보내진 희생양, 사순절이 시작될 때 이마에 재를 바르는 것과 사순절이라는 교회력 자체, 화해의 성례전, 과거로부터 온 상징들의 불태움이 바로 그것이다.

이와 비슷하게 잘 알려진 것은 하루를 마감하면서 서로에게 화가 난 것에 용서를 구하고 나서 잠자리에 드는 것을 배우며, 자녀 및 배우자가 가족의 기도회를 실천하는 것이다.

이런 의식들 각각은 정규적으로 두 가지 중요한 요소를 지니고 있다. 그 하나는 우리가 땅으로 하여금 쉬게 하고 그 안에 있는 것에 조용히 귀 기울이는 묵상적인 경청이다. 심리치료사인 에스텔 프랑켈(Estelle Frankel)은 유대인 시간 주기에서 한 해의 가장 거룩한 날인 욤 키퍼(Yom Kippur)를 준비하며 그녀가 인도한 명상을 설명한다. 명상은 치유하고 속죄하는 능력을 갖고 있다.

> 명상을 시작하기 전에 나는 사람들의 마음을 이완된 상태로 인도하면서 5분을 소비한다. 그런 다음 나는 그들 자신에 관한 어떤 것, 곧 그들이 받아들이거나 화해하기 어려웠던 어떤 것들에 초점을 맞추라고 제안한다. 그들이 그 기억과 접촉한 후, 나는 그들에게 바로 그것이 자신들을 축복하거나 격려했

던 방법을 찾으라고 요청한다. 사람들이 고통스런 기억과 경험을 어떤 구원시키는 결과와 연결시킬 수 있을 때, 그들은 깊은 용서와 평화의 의식(sense)을 자주 경험한다.[32]

용서의 의식에 종종 존재하는 또 다른 요소는 통곡, 울부짖음, 소리지름, 또는 고함 지르기와 같이 세계적으로 다양하게 표현되는 애도(mourning)이다. 죄와 침해 또는 빚의 결과로 채워진 눈물은 우리를 내부적으로 차단하는 얼음과 같은 것이 될 수 있다. 한번 녹게 되면, 그것들은 마음과 영혼을 적시고 종종 사람을 의식적(ritual) 용어들, 행동, 그리고 과정을 통해서 죄로부터 해방시킨다.

(4) 마이모니데스(Maimonides)의 과정을 따름으로

마이모니데스는 중세의 철학자이고, 테슈바(*teshuvah*) 또는 '돌아섬'(개종과 용서의 의미에서)의 단계를 요약했던 유대인법의 집대성자였다. 그의 가르침은 미쉬나 토라(*Mishnah Torah*)에서 발견되는데, 그 과정은 다섯 단계를 가지고 있다.

　　인식: 하카랏 하헷(*hakarat ha'chet*), 헷(*chet*)은 '표적을 놓치
　　　　는 것' 또는 '죄'를 의미한다
　　언어적 고백: 비뒤(*vidui*)
　　후회: 차라타(*charatah*)

---

[32] See Estelle Frankel, "Yom Kippur, Teshuvah, and Psychotherapy," *Tikkun* 9, 5 (Sept.-Oct. 1994): 104.

결의: 정정하기, 우리가 왜곡하거나 망가뜨린 것을 바르게
하기

저항: 우리가 용서를 구하는 행동의 반복을 거절.[33]

어떤 시기에 가톨릭 신자로서 내가 처음 이 내용을 마주했을 때 나는 이 가르침을 즉각적으로 인식했다. 왜냐하면 이것은 내가 자라났던 가톨릭교회의 성례전적 실천과 상응하기 때문이다. 용서는 양심의 검증으로부터 나오는 죄의 인식을 수반한다.

일반적으로 공동체에서 누군가에게 하는 고백의 언어 행위, 죄로 인한 슬픔, 차라타의 후회, 참회와 회개의 일들을 받아들이며 고쳐나가기, 죄의 재발을 저항하려는 단호한 목표, 곧 나사렛의 예수님이 충고했듯 장소가 어디이든지 유혹의 장소를 떠나서 죄를 더 이상 짓지 않으려는 의도를 포함한다.

(5) 우리는 용서를 어려운, 일상의, 평생의 분투(Struggle)로 실천한다

여기에 "용서하시고, 용서 받으시오! 어떻게?"라는 질문에 대한 최종 대답이 있다. 왜냐하면 용서는 좀처럼 쉽지 않기 때문이며 용서의 짐과 무게는 우리가 순간적으로 용서의 대가를 잊어버렸던 예기치 않은 순간에 우리를 놀라게 할 수 있다. 로이드 르블랑이 이것을 매우 잘 이해하기 때문에 나는 그의 언급으로 돌아간다.

자신의 아들이 살해당한 저녁, 르블랑은 보안관 대리인들과 함께 도착해서 그의 아들인지 확인하기 위해 시체가 놓여 있던 사탕수수 밭을

33　Ibid., pp. 23-24.

통과해 걸어갔다고 말한다. 그는 열일곱 살 소년 옆에 무릎을 꿇고, "총 알처럼 튀어나온 그의 두 작은 눈을 가지고 그곳에서" 주기도문으로 기도했다. "우리가 우리에게 잘못한 사람을 용서하여 준 것같이 우리 죄를 용서하여 주시고"라는 말에 도달했을 때 그는 멈추지도 얼버무리지도 않았다. 대신에 그는 "누가 이 일을 저질렀든지 나는 그들을 용서합니다"라고 말했다.

그러나 르블랑의 이야기를 전하면서 프리진은 "통한의 느낌과 복수를 잘 극복하려는 것은 분투임을 그는 인지한다. 특히 르블랑이 데이빗(David)의 생일을 해마다 기억하고 20살의 데이빗, 25살의 데이빗, 결혼한 데이빗, 다리 주변에 있는 자신의 자녀와 함께 뒷문에 서 있는 데이빗, 그가 절대 알 수 없는 장성한 데이빗을 기억하고 또 다시 그를 잊을 때, 더욱 그러할 것이다. 그는 용서란 절대 쉬운 것이 아님을 배웠다. 매일 그것을 위해서 기도하고 분투해야만 얻을 수 있다"라고 말한다.[34]

◆ 추가적 성찰과 대화를 위해

1. 당신은 용서의 주빌리 전통 어디에서 해방, 연결됨, 고통, 상상력, 그리고 세상의 수선이란 주제들을 발견합니까?

2. 주빌리 용서는 대인관계적일 뿐만 아니라 사회적이며 정치적인 것입니다. 이것은 우리의 용서 실천에 무엇을 추가합니까?

---

34 Prejean, *Dead Man Walking*, pp. 244-45.

3. 왜 우리 자신을 용서할 수 없다는 것이 일반적인 현실입니까?
   어떤 상황에서 그것은 사실이 아닙니까?

4. 용서란 항상 가능한 것이 아니라는 생각에 당신은 어떻게 응답하시겠습니까?
   당신은 이것에 대해서 몇몇 예를 생각할 수 있습니까?

5. 당신 가족들의 실제 삶에서 당신은 어떤 용서의 의식(rituals)들을 발견했습니까?

6. 공동체와 종교적 삶 속에서 당신은 어떤 용서의 의식들이 필수적이라고 믿습니까?

7. 국가적 그리고 국제적 삶 속에서 어떤 용서의 의식들이 꼭 필요합니까?

제 4 장

그 땅에 거주하는 모든 이에게 자유를

1. 전주

다섯 가지 전통이 주빌리 가르침의 핵심, 곧 묵히고 있는 땅, 용서, 자유, 정의, 그리고 환희를 형성한다. 본서에서 나는 이 전통들을 성경 속 사람들의 필수적인 일로, 그리고 그런 사람들이 부름 받은 종교적 소명으로 제안한다. 전통들 중에서 고르고 선택해서 한 가지를 실천하고 나머지를 무시하는 것은 가능하지 않다. 오히려 우리가 이 각각을 차례로 검토함에 따라 이 전통들이 서로 본래부터 함께 타고났음이 분명해진다. 각각은 다른 모든 것 속에 있다.

용서는 땅을 쉬게 하는 것과 해방에 필수적인 요소이고, 자유는 빚의 탕감과 함께 오며, 땅으로 하여금 휴간하게 하는 것은 정의의 일이다. 그리고 정의와 환희는 다른 네 가지 안에 존재한다. 주빌리 전통 하나를 만져보라. 그러면 다른 모든 것이 진동할 것이다.

더 나아가 이 전통 모두는 수백만 사람들의 종교적 삶을 형성했던 신성한 성경 구절을 통해 울려 퍼진다. 만약 우리가 주빌리를 성경 전통의 중심에 놓는다면 이것은 분명해진다. 그리고 주빌리를 이해하는 한 가지 방법은 중요한 본문에 의해 둘러싸인 보석이나 주옥으로 보는 것이다. 이런 본문들 중에서 가장 중요한 것은 안식일 법, 특히 **출애굽기 20:8-11**과 **신명기 5:12-15**이다.

제2장에서 보았듯이, 주빌리가 출현하면 안식일의 정기적 쉼이 필요하다. 그리고 안식일 자체는 너무나 중요해서 그것을 모독하는 것은 유대인들에게 유대교의 모든 것을 모독하는 것이다.[1]

주빌리를 상기하는 다른 본문들은 하나님을 해방자로 인식하고 여호와가 '구원한다'는 믿음을 축하하는 것들이다. 출애굽기에서 이 해방시키는 하나님은 히브리 노예들을 자유롭게 하는 것과 땅을 휴식하게 하는 것을 통해 고백된다. 그들이 이런 일들을 하면서 이스라엘 사람들은 이 하나님께 속하는(출 21:2-6; 23:10-11) 도덕적이고 윤리적인 함축들을 이해하기 시작한다. 우리가 앞서 보았듯이, **출애굽기 23장**은 단지 휴식에 관한 것만이 아니다. 그것은 또한 토지를 소유하고 있지 않은 사람들이 칠 년째 되는 해 동안에 자연발생적으로 자라는 것을 수확할 수 있기 때문에 정의의 윤리를 규정한다.

주빌리의 다른 울림들(resonances)은 초기 히브리인과 같은 지역에 살았던 그리고 그들의 실천에 영향을 끼쳤던 신 앗수르인과 아카드인 왕들에 의한 석방과 왕궁의 사면령을 기록하고 있는 역사적 문서에서 발생한다. 이런 문서에 의하면, 석방은 극심한 채무로부터의 자유를 의

---

1 이 부분에서 나는 특별히 샤론 린지(Sharon H. Ringe)에게 의존하고 있다. 특히 제1장을 보시오. Sharon H. Ringe; see especially chapter 1 of *Jesus, Liberation, and the Biblical Jubilee* (Philadelphia: Fortress Press, 1985), "Jubilee Traditions in Hebrew Scriptures - A Cluster of Images," pp. 16-32.

미, 곧 '해방'으로 번역된 데로(*deror*)였다.

또 다른 놀라운 울림은 특정한 주빌리 명령이 강조된 이사야 58장과 61장에서 발견된, 린지(Ringe)가 주빌리의 "예언적 확장"으로 언급한 것이다.[2] 이사야 58:6은 다음을 들려준다, 곧 "내가 기뻐하는 금식은 흉악의 결박을 풀어주며 멍에의 줄을 끌러주며 압제 당하는 자를 자유하게 하며," 그리고 61:1은 "그가… 포로된 자에게 자유를, 갇힌 자에게 놓임을 선포하기 위해 나를 보내셨다." 모든 것이 예수님에 의해 반복되고 누가복음 4:16-20뿐 아니라 복음서들을 통해 기록된 약속이다.

본문이 가진 이런 큰 배경에서, 중요한 주빌리 전통, 아마도 우세한 주빌리 전통이 출현한다. 우리의 저물어가는 세기의 지배적인 주제는 정치적, 경제적, 그리고 종교적 해방이라고 논증될 수 있듯이, 성경에서 주빌리의 우세한 주제는 해방, 곧 자유, 석방, 데로(*deror*)라고 논증될 수 있다. 그 어떤 본문도 이 주빌리 전통을 레위기 25장 자체에서 발견되는 것보다 더 분명하게 예고한 것은 없다.

> 너는 전국에서 뿔나팔을 크게 불지며 너희는 오십 년째 해를 거룩하게 하여 그 땅에 있는 모든 주민을 위하여 자유를 공포하라. 이 해는 너희에게 희년이니 너희는 각각 자기의 소유지로 돌아가며 각각 자기의 가족에게로 돌아갈지며…
> 이는 희년이니 너희에게 거룩함이니라 (레 25:9b-10, 12a).

---

2   Ibid., pp. 28ff.

이 중요한 주빌리 주제가 바로 우리가 지금 돌아보려는 것, 펜실바니아주 필라델피아의 독립기념관에 있는 '자유의 종'에 기록된 것이다, 곧 "그 땅에 있는 모든 주민을 위하여 자유를 공포하라."

이 장은 두 부분으로 되어 있다.

첫 번째는 "주빌리는 무엇을 위해 우리를 자유하게 하나?"라는 질문에 관한 것이다. 본문 자체를 보면, 주빌리와 더불어 우리는 집에 갈 만큼 자유하며, 기억할 수 있고, 안식일로부터 기인한 공동체 안에서 재창조(re-creation)를 자유롭게 할 수 있다는 것이 분명해진다.

두 번째는 이런 자유가 주빌리 해방의 과업으로 가장 자주 인용되었던 두 개의 그룹으로 주의를 돌린다. 주빌리 세상에서 주빌리 사람들은 갇힌 자를 자유롭게 하고 어린이들을 자유롭게 하는 것을 우선으로 해야 한다.

2. 주빌리는 무엇을 위해 우리를 자유하게 하나?

1) 주빌리는 우리가 집에 가도록 하기 위해 자유하게 한다

집으로 가는 자유는 레위기 25장에서 세 번 언급되었다. 10절b는 "이 해는 너희에게 희년이니 너희는 각각 자기의 소유지로 돌아가며 각각 자기의 가족에게로 돌아갈지며"라고 말한다. 13절은 "이 희년에 너희가 각기 자기의 소유지로 돌아갈지라"고 기록한다. 그리고 노동을 통해 빚을 청산하려는 사람들을 언급하는 39-41절은 "희년(jubilee year)까지 너를 섬기게 하라. 그때에는 그와 그의 자녀가 함께 네게서 떠나 그의 가족과 그의 조상의 기업으로 돌아가게 하라"고 지시한다. 다음에서 나는 오늘날 주빌리를 살아냄을 위한 이 명령의 의미에 초점을 맞추고자 한다.

인간의 이야기 중, 그것이 파리로 돌아오는 샤를르 드 골(Charles de Gaulle) 또는 스페인으로 돌아오는 파블로 카잘스(Pablo Casals) 혹은 모스크바로 돌아오는 블라디미르 호로비츠(Vladimir Horowitz) 또는 요하네스버그로 돌아오는 넬슨 만델라(Nelson Mandela) 혹은 아이티로 돌아오는 장베르트랑 아리스티드(Jean-Bertrand Aristide)든지 누구를 막론하고 집으로 돌아오는 유랑자만큼 감동적인 이미지는 거의 없다. 집이란 정치적인 이미지이다.

그것은 또한 성경적 이미지이다. 그것은 새로운 집을 선택하고 룻과 함께 여행을 하며 베들레헴으로 되돌아가는 나오미의 이야기에서 나타난다. 그것은 '친정어머니의 집'으로 되돌아가는 것을 선택한 나오미의 다른 며느리 오르바의 이야기에서도 역시 드러난다(흥미롭고 흔치 않은 성경적 메모, 룻 1:8). 그것은 한 때 시온을 기억하면서 그곳 해변에 앉아 슬피 울었던 바빌론에서 돌아오는 징계 받은 이스라엘 민족 이야기에서도 있다. 그가 자라났던 나사렛으로 되돌아와서 그의 고향 회당에서 주빌리 선포하기를 선택한 예수님의 이야기 안에도 있다.

그러나 집은 또한 힘과 감정이 가득한 유별나게 개인적인 이미지이다. 놀랍게도, 그리고 그럼에도 불구하고, 가정은 종종 영성과 종교교육에서 잊혀진 이미지이다. 더 자주는 여행, 탐색, 안내하는 은유들(guiding metaphors)로서 출발하거나 떠나는 것으로 우리에게 제공된다. 이것들은 대체적으로 여성의 경험으로부터 나오는 이미지들에 의해 보완될 필요가 있는 남성화된 이미지들이다.

가정이 지닌 종교적 힘에 주의를 기울였던 신학자는 캐스린 라부찌(Kathryn Allen Rabuzzi)이다. 가사 일은 일반적으로 그것의 목적의식이 있는 그리고 생산적인 면으로 유명하다고 그녀는 지적한다. 그러나 그녀는 우리가 '가정'의 일을 일종의 생산이기보다는 그것 자체의 장점을 지닌다고 바라볼 때 우리는 의식(ritual)의 존재를 알아차리는 것이라고 말한다. 그리고 의식들은 일정한 리듬을 가지고 수행되는 행위이다.

집안일이라는 리듬의 양식 안에 정규적으로 관여하는 여성이나 남성은 그녀 또는 그가 그런 행위들의 리듬을 형성하고, 결국 거의 모든 의식들에 공통적인 결과인 그것들에 의해 자신들이 형성된다는 것을 발견한다.[3]

가정은 또한 우리가 돌봄(care) 그리고 안식일과 돌봄이 가르치는 현존(presence)의 '심오한 시간'(thicker times)을 배우는 장소이다. 심오한 시간이란 "돌보는 자의 삶을 경외(dread)로 끊임없이 채우는 것이다. 단지 잠깐의 돌아섬은 되돌릴 수 없는 손상, 심지어 죽음까지 초래할 수 있다. 잠깐 동안 빗장이 풀린 채로 남겨진 4층 아파트의 뒷문 그리고 아장아장 걷는 두 살짜리 아이는 안전이 확인되지 않은 비상계단 쪽으로 돌아다닌다. 전화기가 있는 데까지 마루를 가로질러 가는 만큼의 잠시 동안 무시된 채로 남겨져 있는 끓는 물이 있는 스파게티 냄비, 잠겨있는 찬장 대신 뜻하지 않게 욕실 싱크대 아래 놓여있는 드래노(Drano, 싱크대 배수관 세제 - 역주)"[4]라고 라부찌는 말한다.

가정은 또한 공동체를 통해 외로움이 경감될 수 있는 곳이다. 그리고

---

3 다음을 보시오. Kathryn Allen Rabuzzi, *The Sacred and the Feminine* (New York: Seabury Press, 1982).
4 Ibid., pp. 100-101; 또한 98, 125 페이지를 보시오.

공동체란 너무나 자주 다화회(cofee klatch, 커피 마시며 잡담하는 모임 - 역주)로 조롱당하는 하나의 심오한 의미이다. 공동체란 또한 가정의 부재(absence)가 의미하는 것을 정확히 고려할 때, 노숙(homelessness)이 진정으로 가슴이 터질 듯한 차원에서 이해될 수 있는 곳이다. 가정은 일반적으로 사랑을 만드는 곳, 심지어는 종종 18년이 걸리는 과업, 그리고 보통은 더 오래 걸리는 사람을 만드는 곳이다. 가정이 담고 있는 다층적 의미 이면을 찾는 사람들에게 '귀향'(coming home)의 최상의 의미는 어머니나 자녀, 애인 또는 배우자에게로 귀향이 아니다. 그것은 자신에게로의 귀향이다.

하지만 어떤 사람들의 귀향과 관련해서, 집으로 돌아가는 주빌리 자유는 적어도 두 가지 의미에서 우리 민족에게로 되돌아감을 의미한다.

첫째, 그것은 우리의 전통, 우리 조상, 심지어 그것이 첫 번째 주빌리 축하자를 위해 했던 것처럼, 우리, 우리를 만든 사람들에게로의 귀향이다. G. K. 체스터톤(Chesterton)은 "전통이란 프랜차이즈(franchise)의 연장(extension)으로 정의될 수도 있다. 전통은 모든 계급의 가장 모호한 사람들, 우리의 조상들에게 표를 주는 것임을 의미한다. 그것은 죽은 자의 민주주의이다. 전통은 그저 서성거리게 된 사람들의 작고 오만한 과두정치에의 굴복을 거절한다"[5]고 적었다.

우리 전통에로의 귀향은 우리를 역사 안에 정박하게 한다. 왜냐하면 흠집(flaws), 실수, 심지어 우리 선조들의 우둔함을 "꿰뚫어 볼 수" 있는 성인의 능력에도 불구하고 우리가 귀향할 수 있는 전통은 또한 다른 관

---

5 Gilbert Keith Chesterton, *Orthodoxy* (New York: Dodd, Mead & Co., 1908; reprint, 1943), p. 85.

점에서 "꿰뚫어 볼 수" 있는 기회이기 때문이다.[6] 전통은 우리가 우리의 선조들이 우리에게 맡겼던 재능에 의지함으로써 실재를 감지할 수 있게 하는 렌즈이다.

둘째, 주빌리가 우리로 하여금 집에 갈 수 있도록 자유하게 만드는 다른 면은 우리의 부모님께 돌아갈 기회를 제공한다는 것이다. 증가하는 남성의 운동(movement)에서 가장 중요한 요소 중의 하나는 그것이 성인 남자와 그의 아버지와의 관계에 부여하는 관심이다.

예를 들어, '남자들의 모임'(A Gathering of Men)이라 불렸던, 로버트 블라이(Robert Bly)와 빌 모에스(Bill Moyers)가 공영방송체제에서 다른 어떤 비디오보다도 더 자주 요청을 받은 테이프로 녹음된 인터뷰에서, 중심적인 고려사항은 아버지와 아들의 관계와 그것을 포용하고 수선하기 위해 관계가 손상되어 온 집에 가는 것이다. 영화 퀴즈 쇼(Quiz Show)에서 상처 입은 젊은 청년 찰스 도렌(Charles Van Doren)과 그의 시인 아버지 마크(Mark)에 관한 장면보다 더 감동적인 장면은 없다.

관계가 있기는 하지만 다른 점에서 차이가 나는 귀향은 우리 어머니들에게로 여성들이 되돌아오는 것이다. 인생의 나머지 반을 위해 영성을 구체화하고 있는 50여 명이 넘는 여성들과 이 주제에 관해 재고했을 때, 나는 그들이 이에 주는 심오한 관심에 감동되었다. 거의 보편적으로 그들은 귀향이 그들이 해야만 하는 인생과업의 한 조각으로 인지한다.

어머니의 죽음에 관해 성인 여성들을 인터뷰한 연구원 마싸 로빈스(Martha Robbins)는 여성들이 어머니의 **죽음**보다는 어머니의 삶, 특히

---

6 '통해서 보는 것'이란 심상은 제임스 파울러의 것이다; 다음의 그의 책을 보시오. *Stages of Faith" The Psychology of Human Development and the Quest for Meaning* (San Francisco: Harper & Row, 1981).

그들 어머니의 충족되지 않은 꿈들, 입 밖에 내지 않은 희망들, 그리고 잃어버린 기회들을 애도하는 경향이 있다는 것을 발견했다.[7] 다른 여성들은 귀향이 그들 어머니의 이야기를 배울 기회라는 것을 발견한다. 특히 그들이 어머니로부터 소원해져(estranged) 왔을 때. 상상으로 또는 실질적인 돌아옴을 통해서든 집에 갈 자유는 애도를 끝내거나 거절을 놓아주는 기회를 제공한다.

이런 논평들의 요점은 많은 성인들이 자신의 부모님과의 끝내지 않은 용무를 가지고 있다는 것이다. 초기 성인기는 자신의 가정을 꾸리기 위해 대개 부모의 집을 떠나는 것에 관한 시기인 반면에, 주빌리는 부모의 집에 되돌아오는 것에 관한 것이다. 주빌리는 끝나지 않은 가족 간의 볼일을 말할 기회를 제공한다. 그리고 우리 삶의 49번 또는 50번째 해에 뒤따르는 개인적 일과 관계가 있다고 나는 추측한다.

여전히, 집에 갈 수 있도록 자유롭다는 것에는 다른 의미들이 있다. 우리의 장소가 홍콩, 멜버른, 또는 클리블랜드이든지간에, 이것들은 이 시간, 21세기의 도래, 그리고 이곳을 위한 영성을 만들어낼 자유를 포함하며 동시에 지구라는 행성에로의 귀향의 의미를 배운다는 것을 포함한다. 왜냐하면 우리가 20세기를 마치면서, 그리고 달에서 본 경계가 없는 지구의 사진을 받았던 21세기를 맞기 시작함에 따라 우리는 다가올 세기에 우리와 함께 있게 될 귀향이라는 여전히 또 다른 쟁점과 함께 남겨져 있기 때문이다.

쟁점은 이것이다. 곧 안식일이 가르치듯 우리의 개인적 정박을 존중하고 이 시간 이곳에서 현존하려고 노력하는 반면 우리가 알아왔던 민

---

7   Martha Robbins, *Midlife Women and Death of Mother: A Study of Psychohistorical and Spiritual Transformation* (New York: Peter Lang, 1990).

족주의와 애국심을 우리는 끝낼 수 있는가?

우리가 지구라는 행성을 우리의 집으로 지칭할 만큼 충분히 자유하고 해방된, 공통의 경험으로 우리는 이동할 수 있는가?

이것이 바로 주빌리 시간(Jubilee-time, 50년)보다 훨씬 전에 에티 힐섬(Etty Hillesum)에 의해 극한의 상황에서 답변되었던 질문이었다. 그녀는 암스테르담에서 살았고 1943년 아우슈비츠에서 죽은 젊은 유대인 여성인데 우리에게 그녀의 일기를 남겼다.

거기에 힐섬은 그녀의 생애 마지막 2년 동안 집에 관해 배운 것을 적었다. 곧 "우리는 집에 있다. 하늘 아래에. 지구상의 모든 곳에서, 우리가 우리 안에 모든 것을 지닐 수 있다면. 우리는 우리 자신의 국가가 되어야만 한다."[8] 우리가 그것을 발견할 때 집에 있을 수 있는 자유가 우리의 것이 된다. 우리가 어디에 있든지 간에.

2) 주빌리는 우리가 기억하도록 자유하게 한다

주빌리 해방은 또한 우리가 기억할 만큼 자유하다는 것을, 특히 감금과 감금에서 석방을 기억할 만큼 자유하다는 것을 의미한다. 집에 돌아갈 자유를 가지고, 이 자유는 레위기 25장에서 세 번 인용된다. 그리고 자유는 또한 다른 곳에서도, 특히 자유의 중요한 서명(signature) 명령, 곧 "기억하라. 너는 기억해야만 한다"의 지위를 부여하는 출애굽기에서 가장 중요한 주제이다. 레위기 25장에서 출애굽기 명령에 근접한 표현인 세 번의 인용이 38, 42, 그리고 55절에 있다.

8　Etty Hillesum, *An Interrupted Life: The Diaries of Etty Hillesum 1941-1943* (New York: Pantheon Books, 1983), p. 176.

제4장 그 땅에 거주하는 모든 이에게 자유를   131

> 나는 너희의 하나님이 되며 또 가나안 땅을 너희에게 주려고
> 애굽 땅에서 너희를 인도하여 낸 너희의 하나님 여호와이니라
> 그들은 [너희를 위해 일한 사람들] 내가 애굽 땅에서 인도하여
> 낸 내 종들이니 이스라엘 자손은 나의 종들이 됨이라 그들은
> 내가 애굽 땅에서 인도하여낸 내 종이요(레 25:38, 42, 55).

기억과 기억해내는 것은 이야기들을 증언하고 말하는 것을 뜻한다. 아마도 집에 가는 것처럼, 이 일은 인간들이 7년이라는 축적된 기간을 모으고 접근하며 그런 다음 삶의 검토, 회상의 사용, 그리고 회고록의 구성과 같은 개인적 발달과업이 우리에게 주장하기 시작하는 49번째와 50번째 해를 지나면서 특별한 중요성을 띤다.

이야기하는 이 일은 단순히 개인적 과업이 아니다. 이 일은 민족을 만들고 또 계속해서 민족이 되는 것에서 훨씬 더 중요한 일이다. 그것은 새로운 나라에서 50주년을 기념하는 가족, 오래전 적은 돈으로 시작한 것을 기억하는 사업, 그리고 노예상태에서 석방을 상기하는 국가들과 같은 다양한 공동체에 적용된다.

종교적 기관에서 그것은 수도회, 지역 회중들, 교구, 그리고 국가적 교단들에 적용된다. 이 모두는 말할 이야기들을 가지고 있다. 그들이 50주년, 심지어 100주년을 기념함에 따라 내가 그런 이야기들에 연관된 그룹들과 함께 일하는 것은 드문 일이 아니다. 사실 나는 한때 아이다호 주(state)의 보이시 지역에 있는 천주교인들과 함께 그들의 교구 150주년을 축하했다.

이런 공동체들은 그들의 창의적인 전통에서 이야기의 중요성을 강조한다. 세네카(Seneca) 부족은 주고받기식 대화를 보전한다. 곧 "나는

이야기를 듣기 위해 간다", "그것들은 무엇인가?", "나는 그것들을 묘사할 수 없다. 만약 당신이 나와 함께 간다면 당신을 알게 될 것이다."⁹

이와 유사하게, 아일랜드 사람들은 '좋은 이야기는 배를 채워준다'는 신념을 주장하고, 에스키모인들은 '이야기들은 겨울의 반을 잘라낸다'고 가르친다. 그러나 이런 스토리텔링은 사적이거나 사유화된 과업이 아니다. 대신에 특히 우리가 어떤 이야기들은 보존하고 또 다른 것들에 도전하며 어떤 것들을 여전히 재해석할 때 그것은 우리 뒤에 오는 세대들을 위해 행해진다.

내 가르침에서 나는 종종 다섯 명의 홀로코스트 생존자들이 설득력 있게 기억의 깊은 저장소로부터 그 끔찍한 해(years)동안 그들과 그들 가족의 경험에 관해 말하는 '기억의 도전'이란 제목의 테이프를 사용한다. 클리브랜드에서 내가 가르쳤던 학기동안 우리가 그것을 수업 중 관람했던 저녁에 대학원생 중 한 명이, 우리가 침묵 속에서 그곳에 앉아 있을 때, "나는 이것이 어떤 것 같은지 이해한다"라고 조용하게 말했다.

그때 켄은, 지난 여름 그의 아버지와 함께, 그의 아버지의 90세 되는 삼촌, 켄의 증조 삼촌을 방문했었다고 우리에게 말했다. 얼굴을 타고 내려오는 눈물을 흘리며 노인은 젊은 청년을 위해 그들 할머니와 증조할머니였던 여성, 그의 어머니를 기억했다. 그녀는 노예로 태어났고 다섯 살 때 5달러에 팔렸다고 그들의 삼촌이 말했다. 그 자신 어린아이들의 아버지인 켄은 그의 머리를 끄덕이며 반복했다. "다섯 살, 5 달러!"

이런 종류의 기억은 특별히 주빌리에 적절하다. 왜냐하면 기억의 깊은 곳으로 밀어 넣는 것이 주빌리의 본성이기 때문이다. 그것은 내가

---

9 이 인용문은 멜버른에 있는 모나쉬대학의 호주 교육가인 마가렛 우드워드에게서 도움을 받았다. 정확한 출처는 모른다.

"주빌리는 우리가 기억할 수 있도록 자유하게 만든다"라고 말할 때 나는 이 기억이 취하는 적어도 세 개의 다른 형태를 언급한다.

첫 번째는 위험한 기억이다. 정치신학자인 요하네스 메츠(Johannes Baptist Metz)가 가르쳤던 종류의 위험한 기억이다. 그는 우리에게 요구되는 그런 원형적인 기억들을 언급하기 위해 그 용어를 만들어냈다.

> 그 안에서 전의 경험들이 우리 삶의 중심을 뚫고 현재를 위한 새롭고 위험한 통찰력을 나타내는 기억들이 있다. 그것들은 거칠고 계속되는 빛과 더불어 외관상으로는 우리가 합의에 이른 것들의 의심스런 본성을 잠시 동안 비추고 우리의 소위 '현실주의'의 따분함을 보여준다. 그것들은 가능성의 우세한 구조들에 관한 규범을 통과하며 특정한 전복적인(subversive) 특색을 지니고 있다. 그런 기억들은 과거로부터의 위험하고 헤아릴 수 없이 많은 방문과도 같다. 그것들은 우리가 고려해야 하는 기억들, 이를테면 미래의 내용을 담은 기억들이다.[10]

위험한 기억의 다른 종류들 중에서, 주빌리 또한 회상하기를 주장하는 두 개를 메츠는 지목한다. 곧 고통의 기억들과 자유의 기억들이다. 주빌리의 해방이 우리를 감동시킬 때 이런 기억들을 거명하는 것이 마침내 안전하다. 첫 번째의 공포를 기념하고 두 번째의 기쁨을 축하하는 것이 안전해진다. 심지어 그런 기억들이 우리 선조들로 하여금 그들의 것과 만나도록 그리고 결국에는 기억들을 우리에게 넘겨주도록 하기

---

10 Johannes Baptist Metz, *Faith in History and Society* (New York: Seabury Press, 1980), pp. 109-10.

위해 해방시켰던 것처럼, 그런 기억들은 우리 자신의 이집트와 가나안을 사람들과 공동체로서 만나도록 우리를 해방시킨다.

두 번째 기억의 형태는 다시 구성원이 되는 혹은 회상(anamnesis)의 의식적인(ritual) 과제를 통해 과거를 현재 속으로 가져오는 예전적(liturgical) 기억이다. 그것의 의식적인 질문들을 지닌 유월절 세다(Seder)는 이런 기억의 시조이며, 그것은 과거로 다시 돌아가기보다는 모인 공동체에게 과거를 현존하게 만드는 일이다. 함께 떼어진 빵과 부어진 잔의 실재 속으로 상징적으로 들어감으로써 마치 그리스도가 그리스도적 현존을 의식화하는 사람들의 중심에 현존하도록 만들어지듯 회상의 중심적 순간과 더불어 기독교 성만찬도 같은 일을 한다.

세 번째 기억의 형태는 시적(poetic) 기억이다. 그러나 시는 특별한 종류, 곧 증언의 시이다. 주빌리가 가리키는 기억들은 잊혀져서는 안 되는 것들이다. 대신에, 그것들은 위험한 기억의 모판과 의식적인 기억의 영양분으로부터 증언되어야만 한다. 비록 포함된 시들이 그것을 만듦에 있어 1세기가 걸렸을지라도 시적 기억의 많은 예들이 1993년에 출판된 전집 형태로 최근에 이용 가능해졌다.

고통으로 인해 정신이 번쩍 들게 만드는 교정에 관한 회상으로 가득 찬 그 전집은 『잊어버림에 반대하여: 증언에 관한 20세기 시집』(*Against Forgetting: Twentieth-Century Poetry of Witness*)[11]이란 제목으로 된 것이다. 그것의 편집자인 캐롤린 포르체(Carolyn Forché)는 20세기 동안 망명, 국가 검열, 정치적 박해, 자택 감금, 고문, 투옥, 군사 점령, 전투 및 암살과 같은 역사적, 사회적 극한의 상태를 견뎌낸 144명의 중요한 시인들

---

11 Carolyn Forche, ed., *Against Forgetting: Twentieth Century Poetry of Witness* (New York: W.W. Norton & Co., 1993).

의 작품을 모았다. 포르체는 다음과 같이 논평한다.

> 많은 시인들은 살아남지 못했습니다. 그러나 그들의 작품은 그들이 [그리고 우리가] 살았던 어두운 시대에 대한 시적인 증언으로 우리에게 남아있습니다."[12]

포함된 배경의 범위는 광대하며 저무는 세기에 상흔을 남겼던 사건들에 관한 거대한 탄원을 형성하고 있다. 이것들은 아르메니아인 집단학살, 제1차 세계대전, 소련에서의 혁명과 탄압, 스페인 내전, 제2차 세계대전, 홀로코스트/쇼아(Shoah), 동유럽과 중앙유럽에서의 탄압, 지중해의 전쟁과 독재, 인도-파키스탄 전쟁들, 중동에서의 전쟁, 남미에서의 혁명과 진압, 미국의 인권 투쟁, 한국과 베트남에서의 전쟁, 아프리카에서의 탄압과 남아프리카 인종차별에 반대하는 투쟁, 그리고 중국에서의 민주주의를 향한 투쟁과 혁명을 포함한다.

대표하는 시인들 중 한 명은 어렸을 때 고아였고 11세 때 길거리에서 지냈으며 20세에 약물 소지와 마약 판매로 체포된 치카노[멕시코계 미국인, 역자 주]이며 미국 원주민인 지미 바카(Jimmy Santiago Baca)이다. 바카는 아리조나주의 경비가 삼엄한 교도소 내 독방에 4년 동안 감금되었다. 독방에 감금되어 있으면서 그는 독학으로 읽고 쓰는 것을 배웠으며 결국에는 월레이스 스티븐스 예일(Wallace Stevens Yale) 시(Poetry) 장학금을 받았다. 억압의 경험으로부터 바카는 고통, 기억, 그리고 주빌리 해방을 상기시키는 증언의 주제를 함께 가져온다.

---

12 Ibid., p. 29.

억압은

힘과
흘려지지 않은 눈물
무엇인가의 아래 짓밟힌 것에 관한 문제이다.

그리고 항상, 항상
당신이 인간이라는 것을 기억하면서.

희망과 힘의 낟알을
찾기 위해 깊이 바라보라
그리고 노래하라, 내 형제 자매여
그리고 노래하라. 태양은 당신의 생일을
빗장 뒤에서 당신과 나눌 것이며.

불타는 창이 당신의 해(year)를 세는 것처럼
당신이 새로운 해를 시작함에 따라
참고 견뎌라, 내 형제들이여, 참고 견뎌라
내 자매들이여.[13]

---

13 Ibid., p. 676.

3) 주빌리는 공동체에서 재생(Recreation)을 위해 우리를 자유하게 한다

『새해석자의 성경』(*The New Interpreter's Bible*) 안에 있는 레위기 25장에 관한 주석은 이 세 번째 자유에 대해 묘사한다.

> 주빌리에 의해 선포된 자유는 땅을 경작하는 수고에서 자유 또는 해방을 포함한다. 왜냐하면 땅은 일 년 내내 휴간하고 그 어떤 씨뿌리기나, 경작, 비료주기 또는 수확 없이 그 자체에서 나오는 것만 생산하도록 되어 있기 때문이다.[14]

바꿔 말하면, 우리는 안식일을 지키기 위해 자유하고(매 50년마다 한 번씩 일 년 내내 계속되는 안식일, 비록 2년이 더 좋겠지만) 안식일은 단순히 아무것도 하지 않는 것, 휴식과 일하는 것으로부터의 멈춤만이 아니다. 제2장에서 보았듯이 안식일은 공동체에서의 재생을 포함한다. 이것은 주빌리가 예술적인 상상력으로 하여금 세상을 수선하는 소명에로 도전하는 자유이다.

랍비 마르크 젤맨(Marc Gellman)은 그가 재생이 뜻하는 바를 탐사하는 방식으로서 '파트너들'이라 부르는 창조에 관한 미드라쉬(성경 속 이야기에 관한 이야기 - 역주)를 제공한다.[15] 미드라쉬(midrash)는 천사들이

---

14 Walter C. Kaiser, Jr., "The Book of Leviticus: Introduction, Commentary and Reflections," in *The New Interpreter's Bible* (Nashville: Abingdon Press, 1994), vol. 1, p. 1172.
15 In Marc Gellman, *Does God Have a Big Toe? Stories about Stories in the Bible* (New York: Harper Junior Books, 1989), pp. 1, 3.

하나님께 창조에 선행하는 혼돈을 치워 달라고 요청하는 것으로부터 시작한다. 그리고 각각의 주요한 창조적인 일, 곧 별들, 대양들, 다리 네 개 달린 동물들 창조 이후에, 천사들은 세상이 곧 완성되는지를 하나님께 물어본다. 정규적으로 하나님은 "아니"라고 대답한다. 마침내 하나님은 여성과 남성을 만들고 그들에게, "나를 위해 세상을 완성하라. 나는 지금 피곤하고 실제로 그것은 거의 완성되었다"라고 말씀하신다.

처음에 남성과 여성은 하나님께 "우리는 그것을 할 수 없습니다. 당신은 계획을 갖고 있고 우리는 너무나 하찮습니다"라고 말하면서 이 요청에 저항한다. 그래서 하나님은 그들이 세상을 마무리하려 노력하고 하나님은 그들의 파트너가 될 것이라는 흥정에 동의한다.

이런 신과 인간과의 파트너십은 미드라쉬에 '세상을 마무리하기'로 묘사되어 있는데, 그것은 실질적으로 끝나가는 세기를 향해 도전하고 주빌리가 하나님의 사람을 자유하게 만든 목적이 되는 수선(repair)과 재생의 일이다. 안식일은 이 자유의 중심에 있으며, 이것은 세상의 창조주를 묵상하고 일단 안식일이 끝나면 우리가 재생하고 수선하며 마무리하는 소명을 받아들인다는 것을 의미한다.

인간과 상호작용하며 그들에게 세상의 '마무리 주자들'(finishers)로서의 소명을 주는 창조주 하나님의 심상(imagery)은 시인과 신비주의자들에게 잘 알려져 있다. 그러나 그 심상은 일단 세상이 창조되면 하나님이 그 창조된 세상에서 철수하고 신성한 손을 씻어버린다는 것을 가정하지 않는다. 대신에 심상은 모든 인간의 행동 가운데서 심상을 새롭게 하고, 돌보며 사랑하는 것은 창조주가 곰곰이 생각하고 서성거리며 거주하는 존재임을 가정한다.

하나님의 세상을 재생하는 우리의 자유를 인지할 때 우리는 우리 자신을 삶의 자원으로부터 분리된 것으로 생각해서는 안 된다. 오히려 재생함 속에서 우리는 살고 숨 쉬며 우리 자신을 하나님 안에서 하나님과 함께하는 존재로 수용한다. 우리는 신성한 현존, 노리치의 줄리안(Julian of Norwich)의 말을 빌리자면 우리의 특별한 자유에도 불구하고 "우리를 뒤덮고 감싸고 포용하는 그리고 우리를 철저히 에워싸고, 우리를 절대로 떠나지 않는 사랑"을[16] 실행한다.

논란의 여지가 있지만 이 나라의 종교적 환경주의자들 중 최고선임자인 토마스 베리(Thomas Berry)는 현대신학의 관점에서 재생에 관한 중요한 논제를 제공한다. 우리 시대를 형성했던 신학들을 이야기하면서 그는 서유럽은 세상에 구원의 신학을, 남미는 세상에 해방신학을 주었다고 주목한다. 그러나 창조신학을 위한 재생의 유사성뿐 아니라 과학, 기술, 소통, 그리고 발명을 위한 그것의 수용력이 주어진 상태에서, 이제 그것은 마치 북미(North America)가 세상에서 운명적으로 창조신학을 하게 되어 있는 것처럼 조망한다.[17]

베리 자신의 일은 이런 것을 구현하다. 이런 신학은 우리가 땅과 물 그리고 공기와 모든 살아 있는 생물에 새로운 관계를, 또한 그것들을 해방시키는 관계를 창조해야 한다는 것을 요구할 것이다. 이런 예들은, 나무들을 구하기 위해 나무를 껴안은 인도의 북부지역 여성들에 연합하는 미국인들, '선진국들'이 나무들을 파기하기 위해 불도저를 보내는 반면 새 나무들을 심기 위한 그린벨트 운동에 참여하는 케냐인들, 후지산 주변의 산업용 건물을 막으려 노력하며 천막생활 하는 일본의 할머니

---

16 From chapters 5 and 6 of Julian of Norwich's *Book of Showings*, quoted in Austin Cooper, *Julian of Norwich: Reflections on Selected Texts* (Mystic, Conn.: Twenty-Third Publications, 1988), p. 18.
17 저자와의 사적인 대화에서, 토마스 베리(Thomas Berry).

들에게 적용할 수 있다. 그들은 잡혔을 때 "우리는 어떤 문제를 만들려고 노력하는 것이 아닙니다. 우리는 너무 늙었어요"라고 말하는 고대인들이다.

그러나 창조와 재생의 신학은 또한 우리가 주빌리의 완전한 해방의 전통에 주의 깊게 경청해야 함을 요구할 수 있다. 그것은 "그 땅의 도처에 자유를 선포하라"고 말할 뿐만 아니라 "그 땅에 있는 **모든 주민**을 위하여 자유를 공포하라"고 말한다. 그리고 그것은 제도와 구조, 기관, 자유를 막고 억압하는 실천을 새롭게 하지 않고는 행해질 수 없다. 이런 실현 속에서 재생은 기억과 같이 위험해진다. 왜냐하면 그것은 세상을 변화시키기 위해 시도하는 대중적인 일이 아니기 때문이다. 특히 이것이 인간들 사이의 불공평을 바로잡으려는 시도를 포함할 때이다.

우리는 이미 이것을 대주교 오스카 로메로의 경험에서 보아왔다. 또는 다른 대주교이며 지금은 은퇴한 브라질 레시페(Recife)의 목회 지도자인 돔 카메라(Dom Helder Camera)가 "내가 배고픈 자를 먹일 때 나는 성자라고 불린다. 내가 배고픈 사람으로 하여금 읽고 투표하도록 그리고 그 가난의 상황에 대해 질문하도록 가르칠 때 나는 공산주의자이며 말썽꾼이다"[18]라고 말하기를 좋아하는 경우이다.

그럼에도 불구하고 주빌리는 그 땅에 있는 **모든** 주민을 위하여 자유를 선포하기 위해 우리가 해방되었다고 주장하는데, 자유를 선포하는 것은 많은 이들에게 족쇄를 채우고 다른 이들을 다양한 형태의 구속 상태로 남게 만드는 구조적이고 개인적인 악에 대해 질문하는 것을 포함한다. 주빌리는 이 거주자들 사이에서 두 그룹을 선정한다.

---

18 1985년 4월, 호주 멜버른 강의에서 돔 헬더 카메라(Dom Helder Camera).

곧 (1) 재소자들, 포로들, 기한부 계약 노동자들, 또는 노예가 된 히브리인들과 (2) 어린이들, 역시 자기 집에 가거나 기억하거나 그리고 그들의 삶을 회복을 허가하는 자유가 인정된다.

3. 자유가 우선인 사람들

1) 재소자들의 자유를 선포하기

우리가 주빌리 나라 속으로 건너가 주빌리 세상을 위해 일하는 주빌리 사람이 되는 소명에 응답할 때 우리는 오늘날의 재소자들, 법이나 계약에 의해 묶인 기한부 계약 노동자들, 그리고 외국인 불법 체류자들의 석방을 위해 일하도록 요청 받는다. 환대를 실천하며 우리는 또한 외국 땅에서 마치 재소자처럼 느낄 수 있는 이방인들에게 특별한 돌봄을 베풀어야 한다.

비극적으로, 이것은 성경적 주빌리 전통의 가장 결함이 있는 부분이며, 내가 레위기 25장을 명상할 때마다 나는 주빌리의 기본 구조 속의 찢어짐과 쪼개짐에 의해 곤혹을 느낀다. 왜냐하면 44절에서 46절까지 지시(instruction)를 전달하고 있기 때문이다.

> 네 종은 남녀를 막론하고 네 사방 이방인 중에서 취할지니 남녀 종은 이런 자 중에서 사올 것이며 또 너희 중에 거류하는 동거인들의 자녀 중에서도 너희가 사올 수 있고, 또 그들이 너희와 함께 있어서 너희 땅에서 가정을 이룬 자들 중에서도 그

리 할 수 있은즉 그들이 너희의 소유가 될지니라. 너희는 그
들을 너희 후손에게 기업으로 주어 소유가 되게 할 것이라.
이방인 중에서는 너희가 영원한 종을 삼으려니와 너희 동족
이스라엘 자손은 너희가 피차 엄하게 부리지 말지니라
(레 25:44-46).

현대신학은 우리가 이 맹점을 잘못된 것 그리고 죄로 명명하도록 가르쳤다. 오늘날 주빌리가 담고 있는 가르침과 실천은 분명히 속박받는 모든 사람의 자유를 가정한다. 이것은 성경이 어떻게 그 자체의 원리에서 스스로를 수정하는가에 대한 하나의 예다.

그럼에도 우리는 이런 구절로부터 충격을 받은 채 멀리 서서 "어떻게 그들은 그렇게 부주의할 수 있었을까? 어떻게 그들은 이들이 노예 상태가 된 사람들, 심지어 인간들이었음을, 이들이 자매와 형제였음을 인식하지 못했을까? 어떻게 그들은 당신이 다른 사람들을 소유할 수 있다고 믿었을까?"라고 질문하고 싶을 수도 있다.

우리가 자유와 석방에 대한 질문을 우리 자신에게 돌릴 때까지 유혹을 받으며 우리는 다음과 같이 질문다.

오늘날 우리는 무엇을 얼버무리고 넘어가나?
누락에 관한 우리의 죄는 무엇인가?
우리가 보지 않으려 한 것은 무엇인가?
우리는 "오 하나님, 우리를 우리 비전의 편협함에서 자유하게 하소서. 단순히 우리가 아는 것만을 보지 않고 우리가 보는 것을 알 수 있도록 도와주소서"라고 규정적으로 기도하는 것

을 배웠나?

우리는 이런 평가를 많은 장소에서 시작할 수 있지만 주빌리에 대한 이해는 우리로 하여금 우리의 감옥 체계에서 시작하도록 자극하며, 우리 미국인들을 위해서는 엘레인 루렛이 "부자 소년이 하는 장난은 가난한 소년에게는 중죄에 해당한다"라고 언급하듯이, 감금된 사람의 급상하는 숫자를 보도록 유발한다.

그것은 우리로 하여금 비인간적인 감옥 생활이 우리 가운데 극빈자와 그들의 가족에게 가장 큰 피해를 준다는 것을 인식하게 한다. 즉 감옥에서 여성의 80퍼센트가 어머니들이다. 이것은 재소자들을 자유하게 하는 것과 루렛이 "형벌 체계의 숨은 희생자들"[19]이라고 부르는 어린이들을 자유하게 하는 것 사이의 연관성을 구축한다.

재소자들을 향한 개인적 태도들이 우리 개개인 자신들의 숨겨진 면을 드러내는 반면 만약 한 국가의 감옥들이 그 나라의 숨겨진, 어두운 면을 나타낸다는 것이 사실이라면, 비록 모든 다른 선진국들이 최근에 남아프리카가 사형제도를 폐지했음에도 불구하고 어째서 미국 인구의 76%가 사형을 원하는지를 묻는 것이 필요하다.

그리고 만약 제지(deterrence), 갱생(rehabilitation), 응징(retribution)이 투옥의 우선 세 가지 이유라면 어째서 응징이 이 나라를 지도하는 것처럼 보이는 것일까?

처벌의 유일한 이유는 사람들을 가르치기 위한 것이라는 프로타고라스(Protagoras)의 신념에 대해 우리는 성찰한 적이 없지 않은가?

---

19 저자와의 사적인 대화에서, 엘레인 루렛(Elaine Roulet).

나는 이미 헬렌 프리진의 설득력 있는 책 『죽은 사람의 걷기』(*Dead Man Walking*)를 인용했다. 그 책이 그처럼 주목할 만한 많은 이유 중 하나는 일단 당신이 그것을 한 번 읽는다면 수감된 자의 인간 본성을 결코 잊을 수 없다는 점이다. 당신은 특정한 범죄에 의해 충격 받고, 간담이 서늘해지며, 혐오감 갖는 것을 멈출 수 없다.

그러나 프리진은 당신이 범죄자의 인간성을 볼 수 있게 만든다. 또 다른 작품은, 죄 없는 한 남자의 거짓되고 부당한 투옥에 초점을 맞추는 『죽음 앞의 교훈』(*A Lesson before Dying*)이다.[20] 이 이야기는 자신이 범하지 않았던 살인 현장에서 체포되고 그로 인해 결국 사형당한 소년/남성에 대한 이야기일뿐만 아니라 그가 당한 고통과 죽음을 통해서 그를 사랑하고 지지하는 작고 가난한 공동체에 대한 이야기이기도 하다.

이들 책은 행동을 재촉한다. 그리고 희소식은 이 주빌리 명령에 매우 구체적으로 응답하는 방법을 발견한 사람들, 주빌리에 지침이 되는 사람들이 우리 중에 있다는 것이다.

수십 명의 다른 여성과 더불어, 그들 중 많은 이들은 천주교 수녀인데, 엘레인 루렛은 뉴욕의 브룩클린과 그 부근의 집 열 채를 사서 새로 꾸몄다. 이것들 가운데 여덟은 섭리의 집으로 불린다. 이곳의 거주자들은 전에 범죄자인 여성들이고 그들이 형기를 마치고 자녀들과 재결합하고 생산적인 일을 준비하도록 직업 기술을 배웠다.

또 다른 두 개의 집은 내 어머니의 집(My Mother's House)으로 불린다. 이 두 집의 이름은 어머니가 감옥에 있는 어린이가 "너는 어디에서 살고 있니?"라는 질문에 "나는 내 어머니의 집에서 살고 있습니다"라고

20　Ernest J. Gaines, *A Lesson before Dying* (New York: Random House/Vintage Books, 1993).

간단히 회답하는 것이 가능하게 만든다.

진 해리스(Jean Harris)는 또 다른 지침이 되는 사람이다. 13년 동안 감옥에서 그녀는 육아 수업을 가르쳤고 복역하면서 탁아소와 어린이 놀이방 만드는 것을 도왔다.[21] 그녀는 지금 석방되어 여자 재소자들과 그들의 자녀들을 위한 재단을 운영하고 있다. 조지 웨버(Geprge Webber) 박사는 지난 12년간 145명의 남성에게 목회분야의 학위를 수여한 싱싱(Sing Sing)감옥의 신학 교과과정의 설립자이다. 이 프로그램은 복역중인 학생들을 목사 보조자, 상담가, 교사로서 직업을 위해 또한 그들이 출소할 때 사회복지 일자리를 위해 학생들을 준비시키는 교육과 사회복귀 프로그램 가운데 하나이다.

코네티켓주 뉴 헤이븐(New Haven)에 있는 성 베드로(St. Paul) 성공회교회에서 그리스도인 양육 담당 목사인 그레첸 프리차드(Gretchen Wolff Pritchard)는 10년 이상 어린이를 위한 삽화가 있는 어린이용 성구집(lectionary)을 작성하고 출판해 왔다.

이사야서 61장 본문이 성경 낭독 부분이었던 지난 강림절에 그녀는 자신의 성구집에 열어 젖혀진 빗장 지른 문과 올려진 손과 기쁜 얼굴로 이 문을 통해서 태양빛으로 뛰어드는 누더기를 걸친 수척한 인물을 포함시켰다. 이런 그림이 등장했을 때, 그녀는 한 부모로부터 편지 한 통을 받았는데 일부는 다음과 같다.

> 나는 이것을 읽는 보통의 아이들이 '억압받은 사람들을 자유롭게 하라'는 개념에 대해 이해할 것이라 생각하지 않는다.

---

21 다음을 보시오. Jean Harris, *They Always Call Us Ladies: Stories from Prison* (New York: Charles Scribner's Sons, 1988).

나의 여덟 살 아들의 해석은 오히려 '감옥을 열고 모든 사람이 가도록 하라'에 가까운 것이었다. 나는 찰스 맨슨(Charles Manson)과 테드 번디(Ted Bundy)가 억압받는 범주에 속하는지 그리 확실치 않다.[22]

부모의 편지를 언급하면서 프리차드는 이 아이가 생각하기에 감옥을 열고 모든 이를 자유롭게 하는 것이 나쁜 소식인지 아니면 좋은 소식인지 아버지가 분명히 하지 않았다고 언급했다. 그러나 그녀는 분명히 통제되지 않은 살인자들의 악몽(그것이 부모의 악몽이었지 아니면 그 아이의 악몽이었는 명확하지 않았다)은 역사적 오해에 기초했다고 지적했다.

왜냐하면 투옥은 민간인의 범죄행위에 대한 형벌이 아니었으므로 성경 속 재소자들은 범죄자 혹은 전과자들이 아님에 기인한다. 오히려 그들은 전쟁 포로이거나 양심수, 채무자, 억류된 자, 인질, 군국주의 또는 정부 탄압의 피해자들이었다. 프리차드는 많은 성인보다 상상적인 세계에 더 익숙한 아이들은 이것을 직관적으로 파악하고 죄수들을 "'우리는 그들을 구해야만 돼!' 라고 말하는 친구들에 의해 구출을 기다리는 부당하게 잡힌 죄 없는 착한 사람들"[23]로 동일시하는 경향이 있다고 제안함으로써 결론을 내렸다.

그러나 오늘날 모든 재소자들이 무고한 착한 사람들은 아니다. 그들은 끔찍한 일들을 저질렀다. 그런데도 이런 명령은 유효하다. 즉 이 땅 전체에 걸쳐서 거주민들에게 자유를 선포하라. 재소자들을 속박에서

---

22 See Gretchen Wolff Pritchard, "Good News," Christian Century (December 1, 1993): 1203.
23 Ibid.

자유케 하라.

　유대인이고 기독교인이며 또한 우리의 종교적 혈통안에 중죄 범인의 오랜 가계가 있는 우리는 여기에 묘사된 일부 사람들처럼 이런 재소자들이 고향에 돌아가고, 제 정신을 차리고 용서와 내적 자유로 돌아가며 또한 자신의 기억과 화해하고 삶을 재창조하게 돕는 방법을 모색할 필요가 있다. 동시에 우리는 이 전통을 우리가 내부로 향해서 우리 자신의 사슬, 우리 자신을 구속하는 것, 그리고 우리가 우리의 영혼 속에 지은 감옥들을 검사하게 조언하는 것으로 해석할 필요가 있다.

2) 어린이의 자유를 선포하기

　어린이들을 자유하게 하는 주빌리 전통은 레위기 25장에서 발견되는 "그와 그의 자녀가 함께 네게서 떠나"(41절) 또는 "자유하리니"와 같은 표현을 통해서 본문에 구축되어 있다. 우리가 사는 세상에서 어린아이들이 당면한 상황은 원 주빌리 규정이 해방하려 했던 어린아이들의 상황과 비극적인 유사성이 있다. 4천 년 후에 어린아이들은 계속해서 터무니 없고 비인간적인 방식으로 착취당하고 있고 이것은 오늘날 특별히 이런 명령을 긴급한 것으로 만든다.

　서와이오밍(Western Wyoming)대학 교수인 카렌 러브(Karen Love)는 최근 쿠바에서 멕시코까지 비행기 여행 중 그녀가 들었던 대화를 보고한다. "'여섯 살은 너무 어리다,' 미국인 사업가는 웃으며 말했다"고 그녀는 보고한다. "열둘은 내가 취할 수 있는 가장 어린 나이다… 아마도 열한 살, 그러나 여섯 살은 너무 어리다." 그는 많은 사람들이 보름(half the month)을 지내기 위해 배급된 음식만을 가지고 있는 쿠바에서의 매

춘에 관해 이야기하고 있었다. 절망감 속에서 가족들은 때때로 그들의 자녀를 몸을 팔기 위해 거리로 보낸다. 이런 빈곤은 이 섬나라에 대한 미국 정부의 처우와 관련 있다. 이런 아이들은 어떤가?[24]

퓰리처상 수상자인 전 뉴욕 타임즈 컬럼니스트 애나 퀸드렌(Anna Quindlen)은 문제를 이런 식으로 거론한다.

> 인도에서 열살 먹은 아이들이 부지런히 일하지 않는다면 구타 속에 양탄자를 짠다는 것을 안다면 그 양탄자를 사겠습니까? 방글라데시에서 하루 생산 할당량이 채워질 때까지 공장 안에 갇혀있는 아홉 살 먹은 아이가 셔츠를 바느질한다면 그 셔츠를 사겠습니까? 저당잡힌 노예로 팔린 열두 살 먹은 필리핀 어린이가 통조림을 채웠다면 그것을 먹겠습니까?[25]

이것은 주빌리가 폐지하려 했던 노예 상태이다. 이런 질문들은 가트(GATT, 관세 및 무역에 관한 일반 협정), 자유무역 협정 그리고 조약에 포함되는 모든 상품에 "아동 노동으로 제조 되지 않았다"는 문구를 부착하는 주로 성공적이지 않은 운동에서 발생한다.

그 어린이들은 어떻게 됩니까?

캘리포니아에서 투표자들은 불법이민자들의 자녀에 대한 학교교육과 의료보호를 거절하면서 미국법안 제안 187호를 통과시켰다(법안이 희망했던 결과는 본서를 쓰는 일자로 법원에 의해 유예되었다).

그 어린이들은 어떻게 됩니까?

---

24 Karen Love, "Cuba's Children," *New York Times*, September 24, 1994, sec. A, p. 23.
25 Anna Quindlen, "Out of the Hands of Babes," *New York Times*, November 23, 1994.

이런 모든 상황이 시정을 요구한다. 각각은 불쾌하고 참을 수 없는 소식이다. 그러나 재소자에 관해 인용한 사례와 비슷한, 좋은 소식도 또한 여기에 있다. 그것은 어린이들의 절규를 듣고 응답하는 사람들에 관한 소식이다.

내게는 이런 응답자들 중 많은 개인적 영웅들이 있다. 한 사람은 몰리 러쉬(Molly Rush)다. 러쉬는 질문을 조용히 제기하기보다는 오히려 가장 잘 외쳐지는 이런 질문을 나에게 소개했다. 즉 "그 어린이들은 어떻게 됩니까?" 여섯 명의 어머니이자 두 명의 할머니인 러쉬는 몇 년 동안 펜실베니아주 피츠버그에 있는 토마스 머튼(Thomas Merton) 평화센터의 소장이었는데, 그 역할 때문에 우리 사회가 만들어낸 치명적인 무기들의 악마같은 집합체 핵무기, 탄두, 미사일, 그리고 잠수함 확산에 항의하는 공동체 협력과 시위에 합류하라고 요청을 받았다.

러쉬의 대답은 항상 같았다. 그녀는 그녀의 6명의 가족을 생각해서 말하곤 했다. "미안 합니다. 당신과 같이 갈 수 없습니다. 그 아이들은 어떻게 됩니까?" 어느날 그녀는 항의를 위해 주어진 시간이 아니라 이런 무기들이 그녀 자신의 아이들과 이 세계의 아이들에게 미치는 영향에 대한 그녀 자신으로부터 질문을 받았다. 그래서 그녀는 이 질문을 공개적으로 하기 시작했다.[26]

또 다른 영웅은 1980년 엘살바도르에서 살해당한 4명의 여자 신자 중 한 명인 진 도노반(Jean Donovan)이다. 그녀는 죽기 한 달 전에 이렇게 적었다.

---

26 다음을 보시오. Molly Rush, "Living, Mothering, Resisting," *Christianity and Crisis* 40 (December 8, 1980): 348; and Liane Ellison Norman, "Living Up to Molly," *Christianity and Crisis* 40 (December 8, 1980): 341-44.

평화봉사단이 오늘 떠났다. 그리고 내 마음은 낮게 가라앉았다. 위험은 심각하고 그들이 떠난 것은 옳았다… 지금 나는 내 자신의 위치를 평가해야만 한다. 왜냐하면 나는 자살을 고려하지 않기 때문에. 여러 번 나는 떠나기를 결정했다. 가엾게도 어른들의 미친 짓에 상처받은 피해자들인 어린이를 위한 것을 제외하고 나는 거의 그럴 뻔했다. 누가 그들을 보살피겠나? 그들의 눈물과 절망의 바다에서 합리적인 것들을 지지할 정도로 어떤 사람의 심장이 그렇게 견고하겠는가? 친애하는 친구여, 내 것은 아니다, 내 것은 아니다.[27]

나는 러쉬와 도노반과 같은 영웅들을 정규적으로 만난다. 나는 우리 모두 정기적으로 만나지 않을까 생각한다. 예를 들어, 투이 강좌의 마지막에 나이 든 친구가 내게 그녀의 딸에 관해 이야기하기 위해 가던 길을 멈추었다. 노트르담대학를 갓 졸업한 젊은 여성은 다가오는 해에 법과대학원에 진학하기 전, 이듬해 내내 학대받은 여성과 그들의 자녀를 위한 쉼터에서 일했다. 다른 저녁에, 우리가 어떻게 주빌리 백성이 될 수 있는지에 관해 이야기할 때 한 여성이 아동학대 생존자들과 함께한 그녀의 일에 관해서 우리 모두에게 말했다.

다른 때에는 어린이들을 해방시키는 주빌리 사역이 큰 기관에서 나온다. 그 중 하나는 거의 단독으로 세상 어린이들을 위해 이질로 인한 사망을 제거한 유니세프(UNICEF, 유엔아동기금 - 역주)이다. 또 다른 기관은 어린이보호기금(CDF)이다. 이 기관의 사역은 주빌리의 모든 전통

---

27 In Rosemary Radford Ruether, *Women-Church: Theology and Practice of Feminist Liturgical Communities* (San Francisco: Harper & Row, 1985), pp. 233-34.

을 구현하지만 특별히 어린이들을 속박에서 해방시키기 위해 일 할 때 창의적이다.

1991년 어린이보호기금은 첫 번째 어린이 안식일(Children's Sabbath)을 지키는 전국 행사를 개최했다. 그 후 이 나라 도처에서 매년 열리는 이 기념행사는 취약한 사람을 대표해서 거리낌 없이 말하고, 기도와 교육, 봉사와 옹호를 통해 어린이와 가족들을 돕는 헌신을 격려하는 종교에 기반을 둔 의무를 연구함으로써 연합된 관심의 목소리를 높이려 애쓴다.

어린이 안식일 준수는 매 10월 지정된 금요일에 안식일 예배와 더불어 시작하고 이어서 주일 교회 예배로 끝이 난다. 이 기간에 회중은 전국적으로 어떻게 신앙의 사람들이 어린이들의 필요에 반응할 수 있는가에 대한 특별 예배, 교육 프로그램, 관련된 활동을 연다.

1994년에 안식일 주제는 미국에서 어린이를 폭력에서 보호하자는 긴급한 필요에 비추어서 어린이에 대한 총의 전쟁을 중지하는 것이었다.

이것을 위한 방법은 어린이와 청소년, 그리고 성인들(가톨릭교인, 그리스도인, 유대인, 아프리카계 미국인, 그리고 라틴계 회중들을 위해 특별히 준비된)을 위해 매우 세심한 교훈을 주는 것으로부터 지난 과거 동안 폭력에 의해 살해당한 그 지역의 모든 어린이의 이름을 새긴 현수막(banner) 또는 다른 기념물을 만드는 것, 매 두 시간마다 미국에서 폭력에 의해 살해당한 어린이들에 관한 위험한 기억을 위해 어린이 안식일에 벨을 울리거나 지역 소방대에게 사이렌 소리를 내도록 요청하는 것에 이르기까지 다양한 선택의 범위를 통해 이루어졌고 또 이루어

지고 있다.[28]

성 매매와 어린이 노동에 반대하는 정부의 항의와 더불어 이것들은 그 땅에 있는 모든 주민을 위하여 자유를 공포하는 방식이었기에 우리 중 가장 젊은 재소자들이 구속(bondage)에서 해방될 수 있었다. 그런 후에 앞으로 그들과 그들의 아이들은 그들의 기억, 창의성, 자유를 그대로 가지고 집에 돌아올 수도 있다.

◆ 추가적 성찰과 대화를 위해

1. 그 땅에 있는 모든 주민을 위하여 자유를 선포하라는 주빌리 가르침과 연관하여 당신은 금세기(century) 해방의 특징이란 주제를 어디에서 찾을 수 있습니까?

2. 이런 가르침에 반영된 연결될, 고통, 상상력, 이 세상을 고치는 것과 같은 주제를 어디에서 찾을 수 있습니까?

3. 당신이 집으로 돌아가는 자유를 행사할 때 어떤 전통으로 되돌아 갑니까? 어떤 사람에게?
그들이 왜 또한 어떻게 당신 삶 속에서 해방의 근원입니까?

---

28 추가 정보를 위해서 다음의 주소로 편지를 보내시오. "Children's Sabbath," Children's Defense Fund, 122 E Street, Washington, DC 20001; 또는 다음의 번호로 전화하시오. (202)628-8787.

4. 기억할 자유를 사용하도록 어떻게 교육을 받았습니까?
   기억 가운데 어떤 기억을 위험한 기억으로 간주합니까?
   어디에서 기억 의식들(rituals)이 당신을 교육시켰습니까?

5. 어떤 재창조의 자유에 당신의 관심이 끌립니까?
   어떤 형태의 재생이 당신이 속한 기관, 예를 들어 당신의 교회, 이웃, 국가에 필요하다고 당신은 믿고 있습니까?

6. 당신은 재소자들의 자유를 진지하게 고려하는 영성을 어떻게 실천합니까?
   실천한다면, 당신 삶에서 개인적이고 사적인 감옥과 같은 속박과 어떤 방식으로 그 영성이 연결되고 있습니까?

7. 어린이의 자유를 진지하게 고려하는 영성을 어떤 방식으로 실천합니까?

제 5 장

주빌리 정의(Justice)

1. 전주

앞 세 장에서 나는 똑같은 패턴을 사용하며, 각 장을 전체로서 주빌리를 언급하는 일련의 논평으로 시작했다. 그리고 각 장의 주제인 구체적인 주빌리 전통으로 이동한다. 땅을 묵히는 일과 안식일을 고려하기 전에 나는 주빌리를 1998년도의 주제로 고려하는 세계교회협의회(WCC)로부터, 회개를 필수적인 내용으로 2000년 "대(大) 주빌리"를 계획하는 로마 교황청에 이르기까지, 전 세계에 걸쳐서 폭발처럼 나타나는 주빌리에 대해 서술했다.

용서를 고려하면서 나는 주빌리의 핵심적 용어들에 대한 입문서와 함께 시작했다. 그리고 자유에 대해 성찰하면서 나는 주빌리 세상을 창조하고자 노력하는 오늘날의 주빌리 사람들에게 보물과도 같은 다수의 관련된 성경 구절 중심에 주빌리를 두었다.

이번 장에서도 나는 주빌리 정의를 염두에 둔 전주곡으로서 이런 패

턴을 지속한다. 여기서 나의 예비적 논평은 주빌리를 종교교육
정과 영성의 한 형태로 연계시킨다. 나는 이러한 전통들의 각각에
간단히 언급하면서, 정의는 이 두 가지에 필수적인 구성 요소라는
적 신념을 강조한다.

교육, 특히 종교교육에 대해 주빌리는 모든 종교교육의 필수적인
성 요소가 무엇이며 또한 무엇이 되어야만 하는지를 포함한다. 이것은 묵상적 고요나 안식일, 용서, 자유, 정의, 그리고 예전과 예배에서 통상적으로 표현되는 기쁨과 축제의 기분 등이다. 그러나 이런 가르침, 곧 훈련은 교실과 학교를 위한 교과과정으로 사용할 수 있으나 이런 환경에 국한되지는 않는다. 이런 요소들은 또한 가족이 교육함에 따라 가족에게 제공될 수 있으며, 교구와 회중들, 사업과 국가에도 제공될 수도 있다. 이런 배경 각각이 주빌리 전통에로의(to) 교육과 주빌리 전통을 통한(through) 교육을 위한 토론의 장을 제공한다.

그러나 주빌리 또한 영성을 형성한다. 나는 영성이란 용어를 우주 중심에 있는 신비, 즉 우리 가운데 일부가 하나님으로 부르는 신비라는 관점에 비추어 존재하는 방식을 의미하기 위해 사용한다. 영성은 또한 그 신비가 우리에게 요구하는 것, 예를 들면 미가서 6:8에 "정의를 행하며 인자를 사랑하며 겸손하게 네 하나님과 함께 행하라"에 기록된 요구사항의 고전적 집합과 같은 이해를 포함한다.

독자들이 아는 것처럼 영성에 대한 현상적이고 새로워진 관심이 1960년대 후반 이후로 전체 미국 문화를 사로잡았지만, 미국 사회에서 사용하는 것처럼 영성이라는 용어는 적어도 두 개의 매우 다른 의미가 있다. 하나는 철회, 내부로 돌아섬, 특정한 것에로의 제한, 그리고 하나님과 자신의 내적 자아에 대한 경청에 의해 특징지어진다. 이런 영성은

사회적이고 정치적인 차원이 부족하고 때때로 이 세상은 우리에게 너무 벅차서 "세속적인" 관여를 하기에는 위험하고 심지어 파괴적이라는 확신에 의해 지지를 받는다.

영성이 담고 있는 두번째 현대적 의미는 매우 다르다. 두 번째 의미는 비록 완전하게 거룩하지는 않지만 존재하는 모든 것이 거룩하다는 믿음을 가지고 일반적인 참여보다 훨씬 깊은 관여와 몰입을 요구하는 이 세상에서의 존재 방식을 가정한다. 두번째 형태의 이런 영성은 "소란스러우며"[1] 또한 자신의 손을 빼며 물러서는 것은 자신들을 비열하게 만든다는 확신에 기초한다.

이런 영성을 실천하는 많은 사람들은 이런 형태가 예수님을 탄생시킨 민족, 예수님 자신, 그리고 예수님을 따르는 사람들의 영성이었다고 믿는다. 그리고 그들은 하나님이 흙으로 인간을 창조하셨고 그런 후에 먼지에 생기를 불어 넣으셨다고 가르쳤다(이런 믿음의 근거는 창 2:7에 있다). 이것은 어떻게 우리가 존재하게 되었는가에 대한 설명이다.

또한 시인이며 농부인 웬델 베리(Wendell Berry)가 기록했던 것처럼, 하나님이 우리를 창조하셨을 때 그분은 편지가 봉투 안으로 미끄러들어가는 것처럼, 영혼이 육체로 들어가듯이 우리를 몸과 영혼으로 만들지 않으셨다. 대신에 하나님은 우리를 분리할 수 없는 "흙과 호흡"의 혼합을 기초로 만드셨다. 우리의 거룩함은 이 두 개의 원천을 함께 유지할 때 나타난다. 즉 우리 안에 흐르는 하나님의 호흡은 우리가 다른 모든 피조물과 함께 공유하는 평범하지만 신성한 흙먼지, 즉 거대한 별을 구성하는 입자에서 나온 먼지를 공유한다. 흙먼지와 호흡은 우리를 "창

---

[1] 이 구문은 '소란스런 명상'이라는 예수회 빌 발라한(Bill Callahan)의 아이디어에 기초한 것이다.

조라는 거룩한 공동체의 구성원들"로 만들고 우리가 더 많은 먼지와 호흡을 가진다면 더 좋아진다.[2]

우리 인간을 묘사하는 이런 혼합적인 구성체와 또 다른 요소가 두 번째 종류의 영성을 형성한다. 즉 영성은 반드시 정의를 실행하는 사역을 포함한다는 확신이다. 그러나 이런 확신은 눈을 가린 인물이 양팔 저울의 균형을 임의로 맞추려는 것처럼 상상 속의 정의가 아니다. 대신에 이런 정의는 불같고, 예언적이고, 굴복하지 않는 정의이며 또한 우리가 그런 정의를 설교할 뿐만 아니라 우리가 실천하기를 요구하는 정의의 하나님이 우리에게 촉구하는 정의다.

정의는 복음의 구성적인(constituent) 차원일 뿐만 아니라 종교교육과 영성의 구성적인 차원이다. 영성은 또한 주빌리의 구성적 차원이기도 하다. 이런 예비적인 논평을 마치고, 나는 이 장이 다루는 주제로 관심을 돌린다.

첫째, 나는 정의에 관한 성경적 이해와 주빌리가 강조하는 하나의 구체적인 의미를 간단한 성찰을 통해 제공한다. 월터 브루그만이 사용하는 어구에서 주빌리 정의는 우리로 하여금 "무엇이 누구에게 속하는지 정리하고 그것을 분류하고 그것을 그들에게 돌려줄 것"[3]을 요구한다.

둘째, 나는 주빌리 정의가 종교적, 경제적, 그리고 사회적으로 지닌 함의를 연구한다. 나는 정의로운 주빌리 세상을 위해 주빌리에 헌신할

---

2 다음을 보시오. Wendell Berry, "Christianity and Survival of Creation," in *Sex, Economy, Freedom and Community: Eight Essays* (New York: Pantheon Books, 1993), p. 106.
3 다음을 보시오. Walter Brueggemann, "Voices of the Night - Against Justice," in Walter Brueggemann, Sharon Parks, and Thomas H. Groome, *To Act Justly, Love Tenderly, Walk Humbly* (New York: Paulist Press, 1986), pp. 5-28.

사람들의 삶에서 필요한 순간인 애도에 대한 종결부로 이 장을 마칠 것이다.

2. 정의의 성경적 이해

성경에서 정의를 특별한 주제로 선별하는 것은 정의에 대해 일그러지고 심지어 역설적인 측면이 존재한다는 것이다. 예전에 나는 오레곤주(state)에서 성경 학자와 함께 가르쳤다. 그리고 어느날 저녁 한 학생이 그에게 구약성경에서 정의에 대한 가장 중요한 텍스트를 말해달라고 요청했다. 그의 대답은 그 이후로 쭉 내게 남아있다.

> 그 일을 하는 것은 매우 어렵습니다
> 성경 전체(entire)가 정의에 관한 것입니다.

그럼에도 우리는 성경이 말하는 정의를 깨닫게 하는 영향력 가운데 몇 가지를 조사할 수 있다.

첫째는 예언이다. 예언자들은 절대로 희석된 정의를 선포하지 않으며, 단지 드물게는 정중한(gentle) 정의를 선포할 뿐이다. 그들에게 정의는 열정적이고 맹렬하며 성급한, 그리고 무엇보다도 즉시 필요한 것이다. 예언은 신체적으로 입술과 입에 관련되는 일이면서 발설의 요청을 상징하는 특별한 종류의 사역이다.

이사야 6:6에서 선지자는 자신이 예언의 사역으로 기름 부음받았음을 상기한다. "그때에 그 스랍 중의 하나가 부젓가락으로 제단에서 집은 바 핀 숯을 손에 가지고 내게로 날아와서 그것을 내 입술에 대며 이르되 '이제 이것이 네 입술에 닿았으니 네 악이 제하여졌고 네 죄가 사하여졌느니라'"(사 6:6).

이사야가 기름 부음 받은 것은 다음과 같은 그의 인식을 상징한다. 즉 예언은 말씀을 말하고 그 말씀대로 사는 것, 즉 아니(no)라는 말씀을 파괴하는 모든 것에 대해 선포하는 것이고, 전력을 다해 예언적인 아니(no)에 따라 사는 것이고, 거짓된 말과 행동이 논평이나 저항 없이 통과되는 것을 거절하는 것이다.

내 판단으로는, 그 누구도 예언을 랍비 아브라함 헤셸(Heschel)보다 더 유창하게 묘사한 사람은 없다(아이러니하게도 안식일에 관한 그의 설명에 대해서도 동일하게 언급될 수 있다. 유대인의 신비주의와 유대인의 도덕성은 흙과 호흡만큼이나 분리할 수 없다). 예언이란 하나님의 파토스(pathos)에서 발생한다고 헤셸은 말한다.[4]

너무 커서 하나님과 예언자가 무시할 수 없는 하나님의 파토스, 즉 연민은 예언적 가르침을 귀찮고 골치 아픈 것으로 만드는 데 기여한다. 왜냐하면 예언은 성전 권위자들과 평민들이 불편함을 느끼도록 만들기 때문이다. 헤셸이 그 상황을 묘사하듯, 그들은 순종하는 마음 때문에 성경을 읽는다. 그러나 질서의식을 얻는 대신 그들은 내던져진다.

> 과부와 고아, 재판관의 타락과 시장의 일에 대한 선포 속으로 던져진다. 우리에게 정신의 우아한 저택을 통한 길을 보여주는 대신에 선지자는 우리를 빈민가로 데려간다. 이 세상은 아

4　Abraham Joshua Heschel, *The Prophets*, 2 vols. (New York: Harper & Row, 1962); see especially vol. 2, chaps. 1 and 3, especially p. 11.

름다움으로 가득한 거만한 장소이지만 선지자들은 분개하고 마치 온 세상이 빈민가인 것처럼 열변을 토한다. 선지자들은 상황에 대해 소란을 피우고 과도한 언어를 사소한 주제에 쏟아 붓는다.[5]

그런 후에 헤셸은 자신의 요점을 주장한다. 즉 "예언자를 소름끼치게 하는 일들은 심지어 지금도 세상의 도처에서 매일매일 발생하는 것들이다."[6]

예언자들은 성전 당국자들과 보통 사람들을 불편하게 만든다. 이런 상황에 대한 가장 극적인 예 가운데 하나가 신약성경의 주빌리 본문, 즉 누가복음 4장에 등장한다.

16-20절은 대부분의 사람들에게 잘 알려져 있다. 그러나 우리가 이 구절 다음을 읽는다면, 우리는 불평하고 중얼거리는 회중에 대한 설명을 발견한다. 또한 예수님이 이런 평범한 회중에게 이사야 본문이 의미하는 것과 관련하여 그 본문에 대한 자신의 성찰을 전개시킬 때, 그들은 "자신이 누구라고 생각하는가?"에 해당하는 아람어로 중얼거리기 시작한다. 그들은 예수님을 쫓아내려 움직이고 이런 움직임은 불이 붙기 시작한다. 그들은 일체가 되어 예수님을 회당에서 뿐만 아니라 나사렛과 심지어는 삶으로부터 내쫓으려 시도한다.

왜 그런가?

예수님이 그들을 정의로 불러냈기 때문이다.

성경에서 많은 단어가 정의와 관련 있다. 정의에 해당하는 히브리어

---

5 Ibid., vol. 1, p. 3.
6 Ibid.

는 '정의', '심판', '권리', '옹호', '구조', 그리고 '관습'과 같은 다양한 의미를 가진 미스팻(mispat)이다. 그러나 본래 미스팻은 공동체에서 동등함과 조화, 곧 샬롬을 증진시키는 상황이나 환경의 복구를 의미했다는 강력한 증거가 존재한다. 그것은 시편과 예언서의 말씀에서, 특히 하나님이 가난한 사람, 과부, 고아, 그리고 억압 받는 자에 대한 특별한 관심을 가진 분으로 묘사될 때 일반적으로 자주 발견되는 단어이다. 이 단어는 기본적인 인권과 세상을 수선하는 회복의 행위와 관련이 있다.[7]

그러나 미스팻은 우리가 정의를 이해하도록 돕기 위해 사용된 단어일 뿐 아니라, 여호와의 정의는 변함없는 사랑(hesed), 자비(rahamin), 또는 충실함(emunah)과 같은 언약의 다른 특징들과 현저히 다르지 않다.[8] 많은 본문에서 미스팻은 실제로 이런 단어들과 동일하다. 사실 많은 신학자가 정의가 담고 있는 의미를 상세히 설명하려 할 때 그들은 표현에서 거의 열광적이다.

예를 들면, 게르하르드 본 라드(Gerhard von Rad)는 "인간 삶의 모든 관계를 위해 세다카(sedaqah, 정의/공의 - 역주)의 개념만큼 그렇게 중요한 가치를 지닌 개념이 구약에는 절대적으로 없다."고[9] 기록한다. 그리고 존 도나휴(John Donahue)는 정의에 해당하는 용어들이 매우 다양한 것들에 적용된다고 지적한다. 저울이나 무게가 공평한 기준을 제공할 때 공정하다고 부른다. 그리고 길이나 방향이 마땅한 기능을 하는 것, 즉

---

7 다음을 보시오. "Just/Justice," in *Anchor Bible Dictionary* (New York: Doubleday, 1992), vol. 3, pp. 1127-28.
8 John R. Donahue, "Biblical Perspectives on Justice," in *The Faith That Does Justice*, ed. John C. Haughey (New York: Paulist Press, 1977), p. 69.
9 Gerhard von Rad, *Old Testament Theology*, trans. D.M.G. Stalker (New York: Harper & Row, 1962), vol. 1, p. 370; quoted in Donahue, "Biblical Perspectives," p. 68.

목적지로 인도하는 일을 할 때, 길들이 올바르다고 진술한다. 법률은 외부의 규범이나 법령의 규칙을 따르기 때문이 아니라 공동체 안에서 조화를 만들기 때문에 공정하다. 또한 인간은 관계가 함유한 요구에 충실할 때 정의로운 것이다.[10]

정의를 관계가 요구하는 것에 충실한 것으로 언급할 때, 도나휴는 다음과 같이 적고 있다.

> 현대 개인주의와는 대조적으로 이스라엘 사람들은 "산다는 것"이 가족의 유대나 언약 관계라는 사회적 맥락에서 다른 사람과 연합하는 것이라는 세상에 있다. 이런 관계의 연결망이 백성과 더불어 왕, 고소인과 더불어 판사, 부족과 친족과 더불어 가족, 그들 중에서 고통 받는 이와 체류 외국인이 함께 있는 공동체, 그리고 하나님의 언약과 함께하는 모든 이들의 삶이 구현되는 세상을 구성한다.[11]

그러나 월터 브루그만의 간결한 어구는 주빌리 정의에 대한 가장 명확하고 근접한 정의를 제공한다. 즉 무엇이 누구에게 속하는지 찾아내어 그것을 돌려주라. 브루그만은 이 뜻을 어느 날 찻집에 가서 앉은 후에, 차를 주문하고 자신의 가방에 두었던 약간의 비스킷을 먹을 준비가 되어 있었던 행복한 여인의 이야기를 함으로써 더 구체화한다.

왜냐하면 찻집은 붐볐고, 한 남자가 다른 의자에 앉고 역시 차

---

10 Donahue, "Biblical Perspectives," p. 69.
11 Ibid.

를 주문했다. 그 여인에게 편안한 시간이 준비되었고 그래서 그녀는 서류를 읽기 시작했다. 그렇게 하면서 그녀는 꾸러미로부터 비스킷을 꺼냈다. 읽으면서 그녀는 반대편 남자 또한 그 꾸러미에서 비스킷을 꺼냈음을 알아차렸다. 이런 행동이 그녀를 몹시 화나게 했다. 그러나 그녀는 그것을 무시하고 계속해서 읽어 내려갔다. 잠시 후 그녀는 또 다른 비스킷을 꺼냈다. 그리고 그 남자도 그렇게 했다. 그녀를 불안을 느꼈고, 그녀는 그 남자를 노려보았다. 그녀가 쏘아보는 동안, 그는 다섯 번째 그리고 마지막 비스킷을 가지고 웃으면서 그녀에게 비스켓의 반을 주었다. 그녀는 분개했다. 그런 무례한 남자에 격분하여 그녀는 돈을 지불하고 급히 떠났다. 그녀는 바로 바깥에 있는 버스 정류장으로 부리나케 갔다. 그녀는 버스 요금을 내려고 자신의 손가방을 열었다. 그 때 그녀는, 괴롭게도, 자신의 손가방 안에 비스킷 꾸러미가 개봉되지 않은 상태로 그대로 있음을 알게 되었다.[12]

　브루그만은 우리가 그 여성과 많이 다르지 않다고 주장하면서 그 이야기의 결론을 내린다. 때때로 우리는 물건들을 오랫동안 소유해서 비록 그것들이 우리에게 속하지 않을지라도 그것들을 우리 것이라 생각하게 된다. 그러나 다른 때에는 "하나님의 자비에 의해 우리는 이런 물건들이 실지로 누구에게 속하는지 볼 수 있는 경우도 있다. 그리고 우리가 이것을 인식할 때, 우리는 실재에 대한 우리의 오해에서 벗어나 구

12　Brueggemann, "Voices of the Night," p. 6.

출되는 기회들을 갖는다."¹³

우리 중 특권을 너무 많이 가지고 있어 누가 무엇을 소유하는지를 잊어버린 사람들을 위해 주빌리 정의는 선물로 다가온다. 왜냐하면 주빌리가 강조하는 정의가 가진 특별한 의미는 '되돌아옴'이라는 개념, 즉 주빌리 여정에서 집으로 돌아오는 의미가 아니라, 우리 것이 아닌 것을 하나님과 전세계 도처에서 정의를 외치는 사람들에게 양도하고, 돌려주고, 건넨다는 의미에서 되돌아옴이라는 개념이기 때문이다.

3. 주빌리 정의의 시사점

레위기 25장 주빌리 본문은 발견하는 것과 되돌려주는 것이 무엇을 수반하는지에 대해 자세히 다루는 몇 가지의 설명을 제공한다.

> 그 희년 후의 연수를 따라서 너는 이웃에게서 살 것이요. 그도 소출을 얻을 연수를 따라서 네게 팔 것인즉 연수가 많으면 너는 그것의 값을 많이 매기고 연수가 적으면 너는 그것의 값을 적게 매길지니 곧 그가 소출의 다소를 따라서 네게 팔 것이라(레 25:15-16).

> 토지를 영구히 팔지 말 것은 토지는 다 내 것임이니라. 너희는 거류민이요 동거하는 자로서 나와 함께 있느니라(레 25:23).

---

13 Ibid.

너희 기업의 온 땅에서 그 토지 무르기를 허락할지니(레 25:24).

만일 네 형제가 가난하여 그의 기업 중에서 얼마를 팔았으면 그에게 가까운 기업 무를 자가 와서 그의 형제가 판 것을 무를 것이요. 만일 그것을 무를 사람이 없고 자기가 부유하게 되어 무를 힘이 있으면 그 판 해를 계수하여 남은 값을 산 자에게 주고 자기의 소유지로 돌릴 것이니라(레 25:25-27).

명백하게 이런 본문은 두개의 현저한 주장을 하고 있다. 하나는 "나의 소유권이 얼마나 오래 지속하는가?"라는 질문에 "50년 이상은 안된다"라는 답변을 제공한다. 우주에 있는 모든 것이 선물이므로 우리는 단지 일정한 수확만을 구입할 수 있다. 왜냐하면, 하나님이 간결하게 언급했듯이 "토지는 다 내 것이기" 때문이다.

그러나 다른 요점은 다음과 같다. 즉 주빌리를 처음 선포했을 때 현대 세계가 "자본"으로 언급하는 것은 땅과 동일했다는 것이다. 본래 다른 사람들이 소유했던 땅을 그들에게 돌려주어야 한다.

대부분의 주석자들은 이 주빌리의 의미 만들기, 곧 토지의 회복은 비록 분명히 토지가 되돌려질 수 있고 또 되돌려져야만 하는 경우가 있을지라도, 오늘날 정확하게 항상 적용될 수 없다는 점에 동의한다. 그러나 이것을 주빌리 정의의 유일한 표현으로 보는 것은 자본이나 재산의 현대적 의미를 토지에 제한하는 것을 수반할 수 있다. 그것은 또한 한 세기(century)로부터 다음 세기까지 같은 수의 사람들이 살아있음과 더불어 세상 도처에서 계속적으로 동등한 인구를 가정할 만큼이나, 아마도 훨씬 더 어려울 수도, 정말로 불가능할 수도 있다.

주석가들은 또한 우리가 오늘날 그것의 도덕적 원리를 구현하기를 추구하면서 주빌리 정의를 현대적으로 적용할 수 있다는데 동의한다. 성경을 항상 문자적으로 해석할 수 없다는 사실이 주빌리에 대한 소명에서 손을 떼는 것을 허가 하진 않는다. 좀 더 구체적으로, 우리는 주빌리 정의의 수칙을 종교적, 경제적, 그리고 사회적으로 적용할 수 있다. 나는 첫번째 영역에 대해 간략하게 언급할 것이고 그런 후에 어떻게 우리가 경제적으로 사회적으로 무엇이 누구에게 속하는지 찾아냄으로써 정의를 행할 수 있는가에 대해 논의할 것이다.

1) 정의와 종교적 영역

본서 전체는 주빌리의 종교적 의미, 암묵적으로는 주빌리 정의(justice)에 관한 성찰이다. 여기에서 나는, 히브리인들이 비슷한 속박에 있는 다른 사람들을 해방시키는 것이 기대되었던 것처럼, 하나님께 용서받은 우리 자신에 대한 지식, 곧 안식을 지킴으로써 성장하는 지식이 실질적인 빚의 탕감으로 표출되기를 기대한다고 덧붙인다. 비록 오늘날 종교 공동체들이 주빌리를 선포하는 중요한 시점들로, 특히 새로운 천년을 선택하려고 하지만, 정의의 종교적 성격은 주빌리가 '대속죄의 날'(Day of Atonement)에 선포되었다는 사실에 의해 강조된다.

그때와 지금의 주빌리를 종교적으로 이해한다는 것은 사람들이 하나님의 창조적 현존 안에 거주하며, 일반적으로 인간을 통해 일어나는 하나님의 해방의 행위를 신뢰하고, 하나님의 용서를 경험하며, 하나님의 약속을 소망하고 하나님의 정의를 실천할 것을 요구한다. 종교적 통

전성(wholeness)은 주빌리를 특징짓는다.[14]

2) 정의와 경제적 영역

앵커 바이블 시리즈(Anchor Bible Series)에서 종교적 정의를 위한 주빌리의 응용에 관한 주석은 또한 하나님이 이스라엘에게 경제적인 측면에서 요구하는 것을 말한다. 그것은 "원칙적으로 하나님이 인류에게 바라는 것은, 곧 지구 자원의 광범위하고 공평한 분배와 특별히 토지, 불가피한 억압과 소외를 동반하며 축적하려는 경향에 대한 억제이다. 주빌리는 토지의 거대한 사적인 축적과 그와 관련된 부(wealth)뿐만 아니라 개인이나 가족 소유권의 중요한 의미를 파괴하는 대규모의 집단주의 혹은 민족주의에 대한 비판으로 유효하다."[15]

우리가 이 설명을 검토할 때, 우리는 경제적 측면에서 평가된 주빌리 정의의 적어도 세 가지 면을 본다.

첫째, 오이쿠메네(*oikumenē*), 곧 오늘날 생태계의 초점인 지구 전체이다.

둘째, 인간의 살림 영역을 뜻하는 경제(*economy*)이다.

셋째, 오늘날 우리가 경제라 부르는 경제학(*economics*)이다.

---

14 다음을 보시오. "Jubilee," in *Anchor Bible Commentary* (Garden City, N.Y.: Doubleday, 1981), pp. 1127-28.
15 Ibid.

(1) 오이쿠메네

헬라어인 오이쿠메네(*oikumenē*)는 '집' 또는 '거주'를 의미하는 명사 오이코스(*oikos*)에서, 그리고 '살다' 또는 '거주하다'의 동사 오이케오(*oikeo*)에서 유래한다.

보통 이 말은 '거주하는 세상 전체'로 번역되지만 인간의 오만은 종종 이런 거주가 우리 자신 이외에 다른 것들을 포함하고 있다는 것을 망각하는 것으로 이어졌다. 벌레들과 물소들, 강들과 바위들 또한 지구 도처에 거주한다.

토마스 베리(Thomas Berry)는 만약 우리가 경제학을 종교적 문제로 다룬다면 우리는 그것을 다른 방식으로 다룰 수 있다고 기록한다.

하나는 자본주의 시장 경제가 사회적 책임을 태만히 하는 것을 지적함으로써 강자들과 능력 있는 자들이 약자들과 능력이 부족한 자들을 부당하게 이용하지 않도록 사회적이고 경제적인 책임을 강조하는 것이다.

다른 하나는 현재의 형태에서 지속 가능하지 않은 경제인 산업 경제 그 자체와 같은 훨씬 더 근본적이고 중요한 사회문제로 시작하는 것이다. 우리가 예산 부족에 주의를 기울일 필요가 있지만 주빌리 정의는 지구 적자가 예산 적자 이면에 놓여 있다는 것을 상기시킨다. 이 적자에 관해 베리는 다음과 같이 기록한다.

> 누구도 대기, 토양, 물, 식물 남용을 통한 지구의 기본 생명 체계의 종식과 관련된 적자를 좀처럼 언급하지 않는다. (하지만) 지구 적자는 실제 적자이고 궁극적인 적자이며, 일부 주요

결과가 너무 절대적이어서 하늘이나 땅의 원천으로 조정할 수 없을 정도의 적자이다… 극단적인 표현으로 이런 적자는 자원 적자일 뿐만 아니라 생명 과정의 죽음 즉 단순히 하나의 생명 과정의 죽음이 아니라 생명 과정 자체의 죽음(*the* living process)이다.[16]

우리 인간들은 지구의 운명을 그 안의 모든 거주자들과 함께 되돌릴 수 없는 방식으로 결정하고 있기 때문에, 전 세대와는 대조적으로, 오늘날 이 적자에 대한 우리의 문제는 결정적으로 다르다고 베리는 결론 내린다. 그는 "당면한 위험은 있음직한 핵전쟁이 아니라," "실질적인 산업 약탈이다"[17]라고 적고 있다.

그러므로, 우선 먼저 '무엇이 누구에게 속하는지 알아내고 그것을 되돌려주라'는 토양, 물, 공기, 지구, 그리고 인간이 아닌 모든 자연에 속하는 것을 돌려주라는 것을 의미한다.

(2) 경제

내가 경제라는 용어를 여기서 사용할 때 나는 경제를 부, 자본, 자원으로서가 아니라 인간의 살림살이 방식과 인간의 가정, 즉 집과 자연이라는 가정 안에 인간의 가정이 놓여지고 유지되는 방식을 의미한다. 여기에 주빌리 사람들은 우리와 우리 세상을 파괴하는 시장경제 없이 우리는 살 수 없다고 말하는 사람들에게 어떤 실행 가능한 답들이 존재하

---

16 Thomas Berry, *The Dream of the Earth* (San Francisco: Sierra Club Books, 1988), p. 72.
17 Ibid.

는지를 찾아야만 한다. 이것은 생태계에 의해 이미 제기된 문제들과 오이쿠메네에 대한 우리의 책임이다.

인간의 가정살이로서 경제에 관한 문제들은 예술적 상상력의 문제와 깊이 연관되어 있는데, 특히 우리가 그 상상력을 세상을 수선하고 재창조하는데 사용할 때 예술적 상상력의 문제와 관련된다. 웬델 베리는 예술을 인간들이 자신이 필요한 것을 만드는 모든 다른 방식으로 언급함으로써 이 관계를 묘사한다.

> 우리가 어떻게 일을 하고, 어떤 일을 하며, 우리가 사용하는 재료들을 얼마나 잘 이용하는가? 그리고 우리가 그것들을 사용한 후에는 그것을 가지고 무엇을 하는가? 이런 모든 질문은 종교적으로 가장 중요하다.[18]

베리는 흙먼지와 호흡의 영성을 자세히 설명하면서 이런 중요성을 조사하고 만약 우리 자신이 하나님의 흙먼지와 호흡임을 우리가 믿는다면 우리의 모든 행위는 최고로 중요하다고 언급한다. 왜냐하면 "우리가 살아있는 영혼이라면 우리 모두는 예술가다. 우리 모두는 유한한 조건과 한계 안에서 우리의 삶, 서로의 삶, 우리가 필요로 하고 사용하는 것들의 창조자"[19]이기 때문이다.

설교를 하기 위해 말(words)을 가지고 일하는 사람들, 밭을 갈기 위해 한 조의 말(horses)들과 일하는 사람들, 캔버스에 물감을 칠하기 위해 이젤을 설치하는 사람들 모두는 제작자들이기 때문에 우주적 기능을 지닌다.

---

18 Wendell Berry, "Christianity," p. 109.
19 Ibid., p. 110.

경제를 이런 식으로 이해할 때 일(work)은 중요하다. 즉 일은 안식일에 파트너이고 공동체에서 재창조의 사역이다. 누구에게 무엇이 속한 지를 발견하고 그것을 돌려주는 것은 우리 자신의 일이 무엇이든지 간에 그 일의 거룩성을 발견하는 것이며 또한 우리가 이 세상을 고치는 종교적인 소명을 통해서 창조 공동체에 그 거룩성을 주는 방법을 의미한다. 하지만 이것은 또한 모든 사람이 일하는 데 자유로운 것은 아니라는 발견을 포함한다. 이것은 결국 그(the) 경제나 경제학으로 이어진다.

(3) 경제학

'경제학'이란 여기서 돈을 포함하지만 돈에만 제한되지는 않는, 자본, 부, 토지, 그리고 상품들의 영역, 경제의 가장 보편적으로 가정된 측면을 말한다. 경제학은 또한 학교 교육, 교육, 기술, 건강, 기회, 혹은 일부에게 이런 요소를 가져다주지만 모든 이에게 가져다는 주는 것이 아닌 특권을 경제적으로 옮길 수 있는 가치를 의미한다.

노벨상을 수상한 경제학자들에게 종종 부여되는 특권 중의 하나는 그들이 경제학을 이해하는 유일한 사람들이라는 가정(assumption), 곧 경제학자들의 잘못이 아니라는 가정이다. 뉴욕 타임즈 최근호의 설명은 "레모네이드 캠프 스탠드"라는 제목 아래 기록된 다음과 같은 이야기를 통해 이의를 제기하도록 도왔다.

> 계절은 늦은 여름이다. 빌과 수는 집 앞에서 레모네이드를 팔기로 결정한다. 그들은 물과 설탕을 덜어낸다. 그들은 간판을 만들고 그것을 나무상자 위에 기대어 세운다. 또는 그들은 레

모네이드 캠프에 간다. 성공적인 기업가들은 일찍부터 격려와 훈련이 필요하다는 원칙에 기초해서 메릴랜드주의 로욜라 대학은 레모네이드 캠프 스탠드를 만들었다. 이번 여름, 일주일간 진행되는 두 번의 별개의 수업에서 6-10세 어린이 그룹들이 조사, 마켓팅, 광고, 사업 전략 그리고 몇 개의 조리법을 배웠다. "이 나이 때에 아이들은 매우 기업가적입니다"라고 그 대학 학장은 말한다. 대학도 마찬가지다. 그 캠프는 어린이 한 명당 250달러의 비용이 들고, 어린이들은 그들의 수익금에서 10달러를 종자돈으로 지불할 때 순이익금과 총 매상고의 차이를 배운다. 그러나 이것은 모두 훌륭한 목적을 위해서다. 이런 자본주의 기저에 놓인 것은 박애주의다. 레모네이드 캠프 스탠드로부터 얻은 모든 수익은 프로젝트 멕시코를 통해 그 대학이 후원하는 멕시코에 있는 두 개의 고아원으로 보내진다.[20]

이것은 우리 자신이 속한 나라와 다른 나라의 경제 생활을 이해하고 참여하기 위한 준비이다. 사실 이 청소년들은 얼마나 많이 미국이 멕시코와 맺은 관계가 19세기까지 멕시코에 속했던 땅과 관련을 맺고 있는가를 이해하는 초기 단계에 있을 수도 있다. 19세기에 전쟁, 확장, 매각은 멕시코 땅을 미국의 일부분이 되게 했다. 오늘날 이런 땅을 회복하는 법적 수단을 상상하는 것은 어려울지 모르나 주빌리와의 관련성을 모르는 것은 공정한 가능성을 창출할 수 있다는 것을 놓치는 것이다.[21]

---

20 "Camp Lemonade Stand," *New York Times Magazine*, September 4, 1994, p. 15.
21 다음을 보시오. Rodolfo Acuna, *Occupied America: The Chicano's Struggle toward*

보통 사람들에게 이런 창의성의 시작은 오늘날의 세상을 통해 발전하는 지침에 달려 있다. 이것은 사람들로 하여금 무엇이 누구에게 속하는지 찾아내고 돌려주는 것을 결정하는 데 도움을 준다. 그 지침들은 다음과 같다.

① 성장(grow)에는 한계가 있다.

환경문제에 관심 있는 세상의 과학자들은 이 땅에서 환경을 파괴하지 않고 지속 가능한 삶과 그렇지 못한 삶에 대해 '성장의 한계' 이론을 통해서 이런 원칙을 광범위하게 알려왔다.[22] 그러나 성장 그 자체의 은유에 관하여 의심할 여지없이 추가적 교육이 필요하다.

한편 인간이든지 인간이 아니든지 모든 생명체 안에 구현된 성장의 이미지가 존재한다. 즉 우리는 태어나고 어느 정도의 신장과 체중으로 성숙할 때까지 성장한다. 그리고 우리는 점점 쇠퇴하고 죽는다. 이런 것이 이 은유가 함유한 유기적이고 건강한 의미이다.

다른 한편 우리는 성장의 암적 은유가 있다. 즉 병든 세포의 무제한적인 확산으로서 성장이다. 은유로서 질병이 그 자체의 문제가 있지만 암세포가 건강하지 못하게 확산하는 이미지는 멈추지 않은 거인증이나 비만이 하는 것과 똑같은 방식으로 무제한적 성장이 가진 위험을 이해하는데 도움이 된다.

Liberation (San Francisco: Canfield Press/Harper & Row, 1972).
22 다음을 보시오. Donella H. Meadows, Dennis L. Meadows, and Jorgen Randers, *Beyond the Limits: Confronting Global Collapse, Envisioning a Sustainable Future* (Mills, Vt.: Chelsea Green Publishing Co., 1992).

② 돈 버는(earning) 데는 한계가 있다.

친구들과의 최근의 대화는 이 문제에 관해 두 개의 다른 제안으로 이끌었다. 캐서린은 어린이를 돌보는 보육원에서 일하는 사람들을 포함해서 국가의 모든 사람은 똑같은 봉급을 받아야 한다고 언급했다. 딕은 가장 높은 봉급은 가장 천하고 사람들이 원치 않는 노동을 하는 사람들에게 주어져야 한다고 제안했다. 반면에 본질적으로 가장 만족스러운 일을 하는 사람들은 가장 적은 봉급을 받아야 한다고 딕은 제안했다. 두 사람 다 봉급의 상한선을 믿었다.

세계은행에서 수년간 일했던 경제학자 허먼 데일리(Herman Daly)는 다른 많은 사람이 소득비율을 언급하는 것처럼 때때로 "제한된 불평등"으로 부르는 것을 언급한다. 이 나라에서 군 복무자와 공무원은 약 10대 1의 비율로 돈을 번다. 가장 높은 임금을 받는 군인은 가장 적게 받는 구성원보다 열배 정도 더 번다. 학계에서 그 비율은 약 7대1이고, 저명한 교수들은 논문을 아직 끝내지 않은 강사의 월급보다 약 7배 정도 더 번다(강사가, 봉건적인 대학에 의해 일반적으로 저임금이 주어지는, 학계의 농노인 겸임교수이지 않는 한).[23] 이 비율들은 최고경영책임자의 봉급, 즉 제너럴 모터사의 회장 대 자동차 부품 생산직 근로자나 연예인들의 봉급과도 뚜렷하게 대조된다.

데이빗 레터맨(David Letterman)과 오프라 윈프리(Oprah Winfrey)는 텔레비전 드라마 속의 단역 연기자보다 열배 이상 번다. 봉급의 불균형은, 1년에 7백만 달러 계약을 한 스타 선수는 12만 달러를 버는 상당수

---

23 다음을 보시오. Herman Daly, "A Biblical Economic Principle and the Steady-State Economy," *Epiphany Journal* 12 (Winter 1992): 12ff. 겸임교수에 관한 논평은 데일리(Daly)의 것이 아니라 나의 것이다.

의 선수들보다 몇십 배는 많이 벌었다는 것이 분명해졌을 뿐만 아니라, 소유자들이 그들 자신에게 지급한 봉급을 알아내는 것이 불가능했던 1990년대 중반, 야구파업 동안 국가적 문제가 되었다.

③ 축적(accumulation)에는 한계가 있다.

우리가 살펴보았듯이 여기서 주빌리는 적절하고 실질적이고 "내가 얼마만큼 가질 수 있는가?"라는 질문에 "50년 안에 축적할 수 있는 만큼만"이라고 답한다. 이것은 유언장이 주빌리 문서일 수 있고, 또한 특별히 일하지 않고 상속받은 부의 경우에 더 심화된 빈부 분열을 초래할 수 있다는 것을 의미한다. 그러나 주빌리는 또한 사업과 기업을 안내할 수 있다.

예를 들면, 1994년 10월 반도체 협력사 회사들의 협력단은 1년에 9천만 달러의 연방보조금을 자진해서 포기(돌려주고, 단념하고, 되돌려주고)했다. 협력단 세마테크(Sematech)는 반도체 회사들의 미국 생산을 격려하고자 7년 앞서 만들어졌다. 결과적으로, 협력단은 반도체를 생산하기 시작했고 1994년까지 산업의 장래가 확실시되었다. 따라서 세마테크는 자신들이 보조금을 더는 필요치 않다는 원칙을 기초로 보조금을 중단하기로 결정했다.[24]

이 가이드라인은 토지의 축적에 적절하다. 내가 언급했듯이 심지어 오늘날에도 실질적 토지를 회복시키는 것은 때때로 가능하다. 즉 아프리카에서 이전 식민 국가의 원 거주민들에게 돌려주는 것, 인도 대륙에서 영국이 철수한 것, 미국의 필리핀 양도가 금세기에 있었던 가장 극적

---

24 다음의 편집 사설을 보시오. "Palms Down," *New York Times*, October 12, 1994, sec. A, p. 14.

인 사례 가운데 속한다. 이런 주빌리 전통은 북미 원주민들이건, 경제를 포함해서 부유한 나라들이 약탈했던 나라들의 원주민이건, 또는 전쟁 전리품으로 취급당했던 나라들이든지 간에, 가능할 때마다 하는 토지 재분배에 관한 것이다.

캘리포니아의 작가인 사라 에퍼리(Sarah Epperly)는 토지권 회복의 다른 측면들을 제안한다.

> 원주민들의 삶에 대한 경외감이 다시 등장하는 그런 방식으로 사회가 생활을 시작할 수도 있다. 건강한 삶을 살기 위해 필요한 만큼만 음식을 섭취함으로써 우리는 개인적 차원에서 시작할 수 있고, 부족하지 않고 또한 낭비하지도 않는다. 우리는 하천을 오염시키지 않는 세탁 세제를 사용할 수도 있다. 우리는 심지어 캠프파이어에서 나온 재를 얻기 위해, 물과 물가를 확실히 떠나서 해야 하는 급류타기 훈련을 따라 할 수도 있다.[25]

④ **모든 사람이 확실한 혜택에 대한 권리의 소유에는 한계가 없다.**

일정한 혜택을 누릴 권리를 가진 모든 사람들에게 글을 읽고 쓸 줄 아는 능력, 기본적 경제를 포함한 기초적 기술 교육, 직업, 삶, 자유, 그리고 행복 추구의 권리에는 제한이 없다. 그 중 하나는 의료 서비스이다. 의회의 입법자들이 어떻게 의료 서비스의 입법을 계속해서 회피하는지를 이해하기 어렵다. 왜냐하면 그들 자신과 자신들의 가족 건강 관

---

[25] 저자와의 사적인 대화에서, 사라 에퍼리(Sarah Epperly).

리는 매우 광범위하기 때문이다. 그런데 또 다른 기본적인 권리는 물에 대한 권리다. 이번 10년 동안 이스라엘과 요르단이 그들의 폭넓은 평화 조약 초안에 사인했을 때, 협정의 제1규약 중 하나는 '물을 공유할 것'이라는 단순한 표제였다.

⑤ 두 개의 다른 것들에는 분명하게 한계가 없다.

첫째, 양도의 신학에 직면할 때 인간 저항에 한계가 없다. 양도의 신학에서 우리 삶에 대한 요청은 대규모 불평등을 해결하기 위해 단순화하고 돌려주라는 것이다.

둘째, 인간의 상상력, 특히 할 수 있다는 차원의 미국인의 상상력은 누구에게 무엇이 속하고 그 소유를 어떻게 돌려줄 것인가를 정리하며 주빌리 전통의 방식을 모색할 때, 한계가 없다.

자신들의 삶 속에서 주빌리에 대해 언급하는 내가 만났던 사람들 가운데 일부는 단순하지만 설득력 있는 실례를 제공한다. 이런 궁핍한 세상에서 두 채의 집을 소유하는 것을 역겨운 것으로 여기면서 자신과 남편은 두 번째 집을 팔았다고 나에게 말했던 여성, 자신의 아이는 아니지만 다른 가난한 가정의 아이 교육에 투자하기 위해 주식과 채권을 포기했던 부부, 무료 서비스를 필요로 하는 모든 이에게 이런 서비스를 가능하게 만드는 우리 지역 무료급식소의 변호사들, 모든 방문객을 신으로부터 온 대사들로 맞이하고 자신들은 밖에서 자고 손님들에게는 흙마루의 가장 좋은 자리를 양보하는 엘살바도르 농부들.

이런 모든 이들은 '지구는 주님의 것'임을 자각하고 있고, 이를 존중하고 그들이 할 수 있는 것은 무엇이든 돌려주는 방법을 발견했다.

3) 정의와 사회적 영역

주빌리 정의가 담고 있는 경제적 의미에 대한 이런 간략한 개요는 이미 많은 사회적 시사점을 예시한다. 여전히 하나의 사회적 단위는 강조되고 관심을 받아야 하는데, 성경의 가르침에서 동일하게 강조되는 가족이다. 본질적으로 주빌리는 가족에 대한 구체적이고 실질적인 관심, 즉 우리가 채무 면제를 고려할 때 이미 마주쳤던 관심을 구체적으로 설명한다.

가족들을 무기력하게 만드는 경제력으로 인해 가족이 깨지면, 가족들의 삶은 심하게 손상을 입는다. 이는 자립 경제를 통해서 가족에 사회적 존엄을 회복하는 것을 주빌리 정의의 또 다른 목표로 만든다. 게다가, 오늘날 우리 세상의 많은 부분에서 그런 것처럼, 한 세대에서 한 가족의 경제적 붕괴가 다음의 모든 세대에게 영구적인 부채를 떠맡기는 상황이 되게 해서는 안된다.

경제학이 결코 가족의 삶에서 완전히 분리될 수 없지만, 주빌리 정의는 분명히 개인적이고 친밀한 다른 영역에서 가족에게 적용된다. 나이가 든 가족 구성원들에게 발견하고/되돌려주는 원리는 우리 다음 세대에게 주의를 돌리는 것이다.

예를 들어, 리차드 포드(Richard Ford)의 소설 『야생동물』(*Wildlife*)에서 어머니는 아들에게 이 주빌리 전통을 가르치려 노력한다. 그녀의 결혼생활이 파국으로 치닫고 있을 때, 그녀는 16살짜리에게 말한다. "얘야, 너의 삶은 네가 가진 것 또는 네가 얻는 것을 뜻하지 않는다. 그것은 네가 기꺼이 포기하려는 것을 의미한다. 그것이 속담이란 것을 나도 알지. 그러나 이것은 여전히 진리란다." 아들은 어떤 것도 포기하길 원하지 않기 때문에 스스로 느끼기에도 이것은 자신에게 문제가 된다고 말할 때, 그녀는 "물론, 행운을 빌어"라고 계속해서 말한다. 그런 다음 그녀는 상세히 설명한다. "이것은 정말로 선택 사항이 아니다", "너는 사물들을 포기해야만 한다. 이것이 바로 규칙(rule)이다. 이것은 모든 것을 위한 핵심 규칙이다."[26]

뉴저지 출신의 교육가인 내 동료 가운데 한 명은 이것이 그녀 가족에게 의미했던 것을 설명한다. 그녀는 큰 딸이 대학 1학년을 보내고 집에 돌아왔을 때, 무엇이 누구에게 속하는지 알아내고 그것을 되돌려주는 것이 그녀에게 현실이 되었다고 내게 말했다.

나의 동료는 다음과 같이 말했다. "딸이 집에 있던 첫 번째 몇 주 동안 나는 딸이 자신의 시간, 특별히 얼마나 오래 동안 저녁에 나가 있을 것이고 언제 돌아올 것인지에 대한 설명을 꺼린다는 것을 알게 되었다. 마침내 나는 지금 책임이 딸에게 속하고 책임을 딸에게 지우는 것이 가능했다는 것을 깨달았다."

동시에 성장한 자녀들은 자신들보다 앞선 세대, 특별히 그들 부모 세대에 대해 발견하고 돌려주는 것의 적절함을 경험한다. 우리 자신의 꿈을 추구하기 위해서, 우리를 향한 부모님의 꿈들을, 예를 들면, 학교 교육, 배우자, 평생의 일 등을 되돌려주어야 할 때, 어른들의 삶에는 종종 시원섭섭한 순간이 다가온다. 훨씬 더 통렬하고 강력한, 발견의 순간은 또한 부모님의 죽음, 우리가 그들의 신체 또는 재(ashes)를 땅에 되돌려 줄 때 발생한다.

이런 주빌리 가르침은 심지어 우리가 의혹을 품지 않았거나, 더 정확

---

26 Richard Ford, *Wildlife* (New York: Atlantic Monthly Press, 1990), p. 123.

하게는, 생각해 볼 시간이 없었던 개인적이고 내면적인 차원을 드러낸다. 이런 경험은 또한 우리가 나이 들어가면서 종종 나타나는데, 특별히 우리가 인생의 후반기에 들어서서 우리 삶에서 사라졌거나 혹은 아직 남아 있는 자신의 일부분을 발견할 때이다.

가정을 돌보거나 가족을 양육하면서 장년의 삶으로 수십 년을 보낸 여성들은, 릴리안 카터가 68세에 평화봉사단에 입단한 것처럼, 결국에 학문적 탐구나 음악 창작 또는 자신의 가족에서 벗어난 봉사와 같은 사용하지 않은 재능을 발견할 수도 있다.

탁월할 것과 감정을 억누를 것을 강요받는 남성들은 닫힌 문을 열고 지금까지 자신들이 들어가지 못했던 감정적인 영역으로 향하는 문지방을 건널 수도 있다. 이런 일들이 바로 무엇이 누구에게 속하는지 발견하고 그것을 되돌려주는 것에 관한 조언에 해당한다.

결론으로, 주빌리 정의에 직접적 연관이 있는 두 가족의 상황이 있다.

피츠버그 교구의 장애인을 위한 사무실 관리자인 그레이스 하딩(Grace Harding)에게 처음부터 내 관심은 끌렸다. 내가 주빌리에 관해 처음 강의를 했던 10년 전 내 강의를 경청했던 그녀는 나에게 주빌리를 인용하는 이사야서와 예수님의 말씀이 단지, 오히려 원래는 은유적이지 않음을 생각나게 했다.

'눈먼 자에게 다시 보게 함'은 볼 수 없는 사람들에게 관심을 가지라는 뜻을 분명하게 의미한다. 이후에 계속해서 하딩은 이 본문이 귀먹은 자에게 청력을, 휠체어를 사용하는 사람들에게 경사로와 넓은 출입구를, 접근할 수 있는 화장실을 선포하는 의미라고 지적했다. 이들은 자신들의 부모와 나머지 가족이 요구하는 것처럼, 근본적인 주빌리 관심을 요구한다.

과부와 아버지 없는 아이들로 구성된 가족은 또 다른 상황이 있다. 여기서 나의 오빠와 나는 일정 부분 경험을 공유한다. 10년의 짧은 결혼 생활 후 과부가 된 어머니의 어린 자녀들로서 탐(Tom)과 나는 갑작스런 죽음이라는 실재가 가져오는 고립, 외로움, 두려움에 대한 무언가와 수 많은 정신적인 외상과 더불어 마음의 상처를 알게 되었다.

놀랍게도, 우리는 또한 옆집에 사는 유대인 가족을 통해 주빌리를 깨달았다. 우리가 볼 때, 그들은 토라의 규정을 완전하고 분명하게 실천하며 살았다. 내 어린 시절 동안 그들은 우리를 잊지 않고, 음식, 시간, 우정, 웃음, 그리고 기쁨의 선물로써 우리를 보살폈다.

4. 애도(Mourning)에 관한 종결부

비록 예상치 못한 것은 아니지만, 사람들이 무엇이 누구에게 속하는지 알아내고 그것을 되돌려주기 시작하면서 놀랄만한 반응이 종종 발생한다. 그들이 애도하기 시작하지만 애도하는 이유는 다를 수도 있다. 때때로 애도하는 것은 고통을 통한 냉정한 교정(corrective)에 대한 자연적 반응이다. 어떤 때에 애도는 세상의 고통을 수반하는 설명할 수 없는 죽음에 대한 자연스러운 반응이다. 때때로 애도는 우리가 하나님이 가진 연민으로 들어가고 있음을 인식하는 것에 대한 반응이다. 그리고 애도는 만약 정의가 증가하려면 우리, 곧 우리의 소유물이 축소되어야 된다는 깨달음을 동반하는 저항이다.

다른 순간에 우리의 애도는 우리가 엘리자베스 쿠블러-라스(Elizabeth Kubler-Ross)에게서 배웠던 단계를 통과하는 길이다. 그녀는 부정의 단계에서 분노로, 타협으로, 우울로, 수용으로 이어지는 움직임, 즉 우리 안에 내주하려는 것처럼 보이는 움직임에 대한 개요를 설명한다.[27] 만약 그렇다면, 애도 주기의 일부분인 분노는 교훈적일 수 있다. 신학자인 베버리 해리슨(Beverly Harrison)은 분노(anger)란 모든 것이 세상과 더불어 옳지 않다는 우리의 인식에 주목하라고 보내는 신호라고, 그래서 그것은 동맹자일 수 있다고 적었다. 그녀는 사랑과 정의의 행위에서 분노가 가진 힘을 격찬한다.[28]

때로 우리의 애도는 육체적 표현을 지닌다. 1942년 보스톤의 코코넛 그로브(Coconut Grove) 나이트클럽에서 불이 난 후, 에릭 린드맨(Erich Lindemann)이 생존자 및 사별한 사람들과의 인터뷰에서 발견했던 특징들이 포함될 수 있다.[29] 화재는 한 시간도 채 안 돼 492명의 사망자를 남겼던 돌발적인 사고였고, 남겨진 사람들도 비슷한 반응을 나타냈다. 즉, 당혹스러울 정도로 따뜻함의 부족, 신체적 고통(위의 통증), 잃어버린 것의 이미지에 대한 집착, 죄책감, 무질서한 행동 양식들, 그리고 더 이상 적합하지(fit) 않다는 느낌이다. 우리가 주빌리 사역을 떠맡을 때 이런 동일한 반응이 나타날 수 있다.

어떤 사람들은 생각 없이 이런 증상을 비정상적인 것으로 부를 것이다. 그러나 우리가 이 세상에서 상실을 슬퍼하고, 상실이 주는 해악으로 인해 육체적으로 고통을 느끼며, 우리가 제 자리에서 벗어나 더 이상 합

---

27 Elizabeth Kubler-Ross, *On Death and Dying* (New York: Macmillan, 1969).
28 다음을 보시오. Beverly Harrison's inaugural lecture, "The Power of Anger in the Work of Love: Christian Ethics for Women and Other Strangers," *Union Theological Seminary Review* supplement (1981): 41-57.
29 Erich Lindemann, "Symptomatology and Management of Acute Grief," in Robert Fulton, ed., *Death and Identity* (New York: John Wiley & Sons, Inc., 1965), pp. 186-201; 다음에서 재인쇄됨. *American Journal of Psychiatry* 101 (1944): 141-48.

당하지 않다고 느낀다면, 우리는 획득만을 위해 미쳐버린 세상에서 모든 사람 가운데 가장 미친 사람으로 행동할 것이다.

사실 이것은 우리가 때때로 애도를 끊임없이 경험하는 이유를 설명해 줄 수도 있다. 우리가 애도에 "빠져 꼼짝 못하게 되는" 일이 가능하다는 것을 안다 할지라도, 이 세상의 슬픔과 가난 자체의 거대함이 우리를 꼼짝 못하게 한다. 또한 이상하게 우리가 애도를 주빌리 정의를 위해 자연스럽고 필수적 요소로 인정하고 우리 자신의 것으로 받아들일 때까지, 이런 중압감을 덜어내지 못할 수도 있다.

하지만 애도와 우리와의 정확한 관계가 정말로 중요한 것은 아니다. 왜냐하면 일단 개인이나 공동체 또는 국가가 진실로 애도한다면 애도의 영향력에서 더는 사로잡히지 않고 자유롭게 된다. 이런 자유함은 놓아주는 능력뿐만 아니라 되돌려주는 능력을 상징한다.

또한 일단 개인이나 공동체 또는 국가가 누구에게 무엇이 속하는지 발견하고 그것을 되돌려주는 것을 배웠다면, 그것 자체가 자유롭게 된 것이다. 그들은 주빌리 정의를 **통해**(*by*) 자유롭게 되었고, 이 자유는 상처난 세상에 주빌리 선포의 소명을 다하는 주빌리 정의를 **향해**(*toward*) 나아가기 위함이다.

◆ 추가적 성찰과 대화를 위해

1. 당신은 주빌리 정의의 전통에서 발생하는 해방, 연결됨, 고통, 상상력, 그리고 세상의 수선이란 주제를 어디에서 발견합니까?

2. 주빌리가 종교교육의 교과과정이라 하는 것은 무엇을 의미합니까?
어떻게 하면 교과과정이 정의로운 것으로 간주될 수 있나요?

3. 이 장에서 두 형태의 영성이 설명되어 있습니다.
당신은 그것들이 오늘날의 사회 어디에 반영되어 있다고 봅니까?
왜 그리고 어떻게 두 번째 것이 첫 번째보다 주빌리 가르침을 더 대표합니까?
어떻게 하면 우리가 첫 번째 것을 좀 더 전형적인 것으로 만들 수 있습니까?

4. 오늘날의 세상에서 어떻게 주빌리 정의가 하나님의 연민(pathos)의 반영(reflection)입니까?

5. 이 장에서 경제 정의를 위한 다섯 개의 지침을 제시했습니다.
어떻게 하면 그것들이 당신 개인적으로 그리고 더 넓은 사회를 위해 실행 가능하게 만들어질 수 있습니까?

6. 어떻게 하면 종교교육가들이 주빌리 정의가 가족들에게 영향을 끼칠 수 있는 방법들을 자각할 수 있습니까?
어떤 실천이 도움이 될 수 있습니까?

7. 주빌리 정의가 승리할 수 있도록 당신은 무엇을 위해 개인적, 사회적, 그리고 정치적으로 애도할 필요가 있습니까?

제 6 장

새 노래를 불러라: 기쁨의 찬가

1. 전주

최근에 나는 뉴욕 그린니치 마을에 있는 우리 집에서 떨어진 북쪽을 향하는 D 기차를 탔다. 나는 사우스 브롱크스(South Bronx)에 있는 천주교 교구, 성모 빅토리(Our Lady of Victory)에서 정기적으로 열린 이중 언어(bilingual) 미사에 가고 있었다. 지난 1년 반 동안 나는 교구에서 온 팀과 함께 종교 교육 프로젝트에 노력을 기울이고 있었는데, 우리 모임은 주중 저녁이나 금요일과 토요일 심야에 있었다.

그러나 이번에 나는 늦은 일요일 아침에 여행했다. 왜냐하면 나는 나의 친구가 되었던 일단의 남녀와 함께 예배에 참석하고 영어를 사용하는 흑인과 스페인어를 사용하는 남미 동료 교구민과 함께 기도하길 원했기 때문이다.

예배는 다수의 어린이들이 참여한 24개 교구에서 온 교구민들의 첫 번째 영성체(Holy Communion)의 기념식과 최근 부활절 철야(Easter

Vigil)에서 세례 받은 성인들을 위한 환영의 축제가 포함되어 있기에 내 기대는 기쁨이었다.

   나는 입장 행렬이 중심 통로로 내려가고 있을 때 도착했는데 이미 꽉 찬 교회 안에서 운좋게도 자리를 잡았다. 나는 두 찬양대와 많은 악기 연주자들이 이끌고 있던 찬송가에 합류했고 작은 교회의 벽과 천장을 배경으로 울리는 가사와 음악에 내 목소리, 박수, 발박자를 덧붙였다.

> 알렐루야, 알렐루야, 엘 라 피에스타 델 세뇨르
> 알렐루야, 알렐루야, 엘 세뇨르 레수시토
> 야 노 헤이 미에도, 야 노 헤이 무에르테
> 야 노 헤이 뻬나스 끄 료라르
> 뽀르케 크리스도 씨게 비보, 라 에스뻬란싸 아비에따 에스따.

> *Aleluya, Aleluya, es la Fiesta del Señor*
> *Aleluya, Aleluya, El Señor Resucito*
> *Ya no hay miedo, ya no hay muerte*
> *ya no hay penas que llorar*
> *Porque Cristo Sigue vivo, la esperanza abierta está.*[1]

   오래된 예배식이 항상 그렇듯이 다시 새롭게 시작했고 이런 특별한 아침을 그곳에 자녀 및 손자들과 함께 참석했던 가족들의 기쁨으로 가득 채웠다. 우리는 서 있는 사람들이 자리를 찾을 수 있도록 예배 도중

---

1 1995년 뉴욕 브롱크스 성모 빅토리 교구의 주보에 인쇄된 본문이다.

에 잠시 멈추기도 했다. 이어지는 한 시간 반 내내 우리가 번갈아 가며 영어와 스페인어로 기도와 노래를 할 때, 나는 기도와 노래로 어우러진 위대한 교향곡에 사로잡혔고 나의 창백한 얼굴은 검은 색, 갈색, 황갈색으로 이루어진 이상한 얼굴이 되었다. 오랜만에 나는 그런 기쁨으로 기도했고 흥에 겨워 노래했다. 우리가 "거룩, 거룩, 거룩; 산토, 산토; 호산나, 호산나, 호산나!"를 부를 때 내 주변의 모든 사람들처럼 나는 감사와 환희 그리고 기쁨 가운데 있었다.

이런 일이 일어나는 동안에도 두 가지가 내게 분명했졌다.

첫째, 기도는 실제였고 사람들은 그것을 느꼈다.

일주일 후에 이런 경험을 되돌아 보며 나는 디트리히 본회퍼(Dietrich Bonhoeffer)가 독일로 돌아가 나찌에 의해 순교당하기 전에 뉴욕 유니온 신학교에 머무는 동안 그가 언급했던 것을 기억했다. 본회퍼는 자신이 뉴욕에 머무는 동안 그가 경험했던 가장 생명력 넘치고 활기찬 예배는 흑인 교회에서 기도할 때였다고 말했다. 나도 그날 아침에, 비록 그들이 어려움과 부족함을 알았을지라도, 낯선 사람들을 환영하고 부활하신 그리스도를 기쁘게 찬양했던 사람들의 기도가 시작되었을 때 이와 유사한 어떤 것을 발견했다.

둘째, 그들의 기도는 말로만 할 수 없었다.

기도는 노래, 동작, 리듬 가운데 솟구쳐 나와야만 했었다. 기도는 플루트와 오르간, 트럼펫과 심벌즈를 필요로 했다. 기도는 시편 150편의 말씀을 말해야(*say*) 할 뿐만 아니라 그 말씀이 될(*be*) 필요가 있었다.

> 그의 성소에서 권능의 궁창에서 하나님을 찬양하라 나팔 소리로 찬양하며 비파와 수금으로 하나님을 찬양할지어다 소고

치며 춤추어 찬양하며 현악과 퉁소로 찬양할지어다 하나님을 찬양하라 호흡이 있는 자마다 하나님을 찬양할지어다 할렐루야(시 150:1-6).

나는 이런 설명으로 『주빌리를 선포하라』(*Proclaim Jubilee!*)의 마지막 장을 시작한다. 왜냐하면 과거 몇 년 동안 주빌리 여정을 할 때 나는 주빌리의 마지막 전통인 기쁨과 노래 사이의 필수적인 관련성을 배웠기 때문이다. 내가 주빌리를 가르치고 또한 주빌리에 대한 워크샵을 인도하기 위해 여행했기 때문에 예외없이 누군가는 내가 특별한 종류의 주빌리 음악을 알고 있는지 물을 것이다. 내가 알지 못할 때 그들은 내게 종종 여러 곡을 소개한다. 사람들은 나에게 다음과 같은 테제(Taize) 음악을 가르쳤다.

"주빌라테 데오"(Jubilate Deo)와 "주빌라테 세르비떼"(Jubilate, Servite) 같은 카논
"라우다떼 도미눔"(Laudate Dominum)과 "라우다떼 옴네스 겐떼스"(Laudate Omnes Gentes) 같은 오스티나토 합창곡
기쁨이 넘치는 "알렐루야스"(Alleluias)
"쁘살리떼 데이오"(Psallite Deo)와 "쁘살리떼 도미노"(Psallite Domino) 같은 찬가.[2]

---

[2] 브라더 로버트(Brother Robert)에 의해 고안되고 편집된, 잭크 베씨에르(Jacques Berthier)에 의해 작곡된 다음의 제1집과 2집을 보시오. '*Music from Taize: Responses, Litanies, Acclamations, Canons*, (London: Collins Liturgical Publications, 1986)

내가 배웠던 노래와 찬송가는 또한 짐과 진 스트라쓰디(Jim and Jean Strathdee)의 『주빌리』 전집을 포함한다. 이 책에서 다음과 같은 타이틀 곡은 주빌리 전통을 소개한다.

> 매 50년 만에 한 번
> 해방의 시간이 있어야만 합니다
> 노예들은 석방되고 그들의 땅은 되돌려지고….

첫째 절은 '트럼펫 소리와'를 표현하고, 두 번째 절은 "하나님의 사람들이 울면서"를 상기하며, 그리고 마지막으로 세 번째 절은 "하나님의 정의가 선포되면서"라고 격해진다. 사람들이 소리 내고, 울고, 선포하는 것은 다음과 같은 내용이다.

> 주빌리! 노예와 사로잡힌 자들을 자유롭게 놓아주라
> 주빌리! 토지를 구하고 그것을 내게 되돌리라
> 주빌리! 사람들이 그들의 존엄성 안에 서게 하라
> 하나님의 주빌리 해에.[3]

여전히 다른 주빌리 노래는 월터 파카하슨(Walter Farquharson)과 론 클루스메이에르(Ron Klusmeier)의 꽃들이 "사막에서 필 것이다"라는 곡이다. 이 노래의 네 구절은 특별히 "배고픈 자들은 만찬에서 먹을 것이며", "눈먼 자들은 볼 수 있을 것이고", "모든 잡힌 자들은 자유에로의

---

[3] 다음에 수록된 짐 스트라쓰디에 의해 만들어진 '주빌리'를 위한 가사와 곡이다. *Jubilee*, 1988 (P.O. Box 1476, Carmichael, CA 95609).

부름에 놀라서 감옥에서 걸어 나올 것이다"와 같은 예언들을 포함한 이사야서 61장을 연상시킨다. 매번 약속하는 영광스러운 후렴구에 예언이 있다.

> 꽃들이 사막에서 활짝 필 것이다
> 잡힌 자들은 자유롭게 걸을 것이다
> 하나님, 당신이 이 약속들을 주셨습니다
> 당신의 백성들은 이 꿈을 키웠습니다.[4]

이런 방법으로 내가 배운 음악은 또한 주빌리에 관해 가장 자주 받은 질문 중의 하나에 함축적인 대답을 제공한다. 보통 그 질문은 "주빌리가 시도된 적 있나요?" 또는 좀 더 극단적인 형태로 "왜 주빌리는 시도된 적이 없나요?"이다.

내가 수집한 음악에서 위 질문에 대한 응답들이, 주빌리 통전성(wholeness)을 불러오기에 기쁨과 축제만으로는 충분치 않지만, 주빌리 범주 안에 "창조를 방어하며"[5]('토지로 하여금 쉬게 하라'에 있는 것처럼), "하나님이 무엇을 바라나?"[6]('정의를 행하며 인자를 사랑하며 겸손하게 네 하나님과 함께 행하는 것이니'에서처럼), 그리고 "난민들 너머 보라"[7]('테러와 총과 탱크에 의해 지원되는 거대한 세계은행에서의 많은 대출'은 이익을 난

---

4 가사는 1985년 Walter Farquharson에 의한 저작권 소유; 곡은 1987년 Ron Klusmeier에 의해 저작권 소유 (250 Dundas St. S., Suite 275, Cambridge, Ontario, Canada NIR8A8).
5 Strathdee, *Jubilee*, p. 22.
6 Ibid., p. 12.
7   Ibid., p. 11.

민이 아닌 부유한 자에게 돌려주는 것처럼)와 같은 그런 노래들을 포함하는 스트라쓰디 전집에서 특히 분명하게 드러난다.

다시 말해, 주빌리가 시도되었는지 혹은 시도되지 않았는지에 대한 대답은 토지를 휴간하거나 축제를 개최하는 것과 같이 "단지 주빌리 전통 가운데 일부만이 시도되었다" 또는 어떤 토지를 되돌려주거나 **몇몇** 억류자를 석방하는 것과 같은 (최근 미국이 아이티 아이들이 아닌 쿠바 아이들에게 문을 개방한 것처럼) "단지 특별한 전통 가운데 일부만이 시도되었다"이다.[8] 완전한 주빌리는 모든 사람들 가운데 모든 주빌리 전통들의 실천을 포함해야만 하고, 땅을 쉬게 하거나 용서, 자유, 그리고 정의가 새로운 노래 부를 때의 기쁨과 합류할 때에만 비로소 완성된다.

주빌리가 요구하는 통전성(wholeness)에 관한 이 전주와 예비적인 진술과 더불어 우리는 마지막 주빌리 전통인 기쁨에로 화제를 돌릴 수 있을 것이다.

우선 나는 **주빌리**(*jubilee*)라는 단어의 의미와 기쁨과의 연관성, 주빌리를 선포하는 것으로 알려진 일부 사람들, 그들이 그렇게 하는 이유를 포함하는 일련의 주빌리에 대한 최종적인 자세한 사항을 살펴본다. 나는 어떻게 기쁨의 과정이 선포에서 회개, 경청, 감사, 위임으로 이동하는 예전 형식으로 기념될 수 있는지를 소개하며 이 책을 마무리하려고 한다.

---

8 다음을 보시오. Bob Herbert, "Suffering the Children," *New York Times*, May 27, 1995, p. 19.

2. 주빌리의 의미

대부분의 사람들은 주빌리의 근대적(*modern*) 의미를 잘 알고 있다. 일반적으로 주빌리라는 단어는 국가적이든지 전세계적이든지 개인적이든지 가족적이든지 일반적으로 오랜 기간 후에 상서로운 사건이나 중요한 날의 기념일을 기억하거나 축하하는 경우를 의미한다.

우리는 전쟁 종식, 평화 선언, 그리고 국가의 설립이나 해방을 기쁨과 환희를 가지고 기억한다. 또한 기업 설립, 공동체 조직, 또는 이어지는 세대를 섬겼고 우리 시대에 생명을 주는 기관으로 계속해서 섬기는 종교 회중의 창립을 기억한다. 우리는 결혼으로 지속해 왔던 부부의 유대나 50 또는 60 또는 80년이라는 인생의 충만함을 성취한 개인의 생일을 기념한다. 변함없이 이런 추억은 노래, 축제, 퍼레이드, 그리고 "안식일을 일컬어 즐거운 날이라 하여"(사 58:13)가 뜻하는 종류의 기쁨이 분출되는 것을 포함한다. 안식일들 중의 안식일로 알려진 주빌리가 바로 이런 경우이다.

그러나 주빌리가 담고 있는 고대(*ancient*)의 의미는 심지어 축하객들이 그것을 잘 의식하지 못할 때에도, 이와 같이 더 잘 알려진 그리고 좀 더 대중적인 이해를 위한 토대와 기원으로 계속 남아있다. 어원상 주빌리의 의미는 해방, 특별히 빚에서 해방을 의미하는 'ybl'이라는 히브리어 동사에서 유래할 수도 있지만, 전문가들이 요벨(*yobel*)을 이 단어의 토대로서 인용하는 것이 훨씬 일반적이다.[9] 요벨은 양의 뿔이나 공공장소에서 울렸던 나팔 소리에 해당하는 히브리어 단어다. 이런 울려퍼지

---

9 다음을 보시오. Sharon H. Ringe, *Jesus, Liberation and the Biblical Jubilee* (Philadelphia: Fortress Press, 1985).

는 나팔은 축하, 음악, 노래를 알린다.

문자적인 정확성으로 성경이 말하는 원래의 가르침은 다음과 같은 최종적인 주빌리 전통을 소개한다.

> 너는 일곱 안식년을 계수할지니 이는 칠 년이 일곱 번인즉 안식년 일곱 번 동안 곧 사십구 년이라 너는 뿔나팔 소리를 크게 내되… 전국에서 뿔나팔을 크게 불지며 너희는 오십 년째 해를 거룩하게 하여… 이는 희년이니 너희에게 거룩함이니라 (레 25:8-9, 12a).

우리 시대에 주후 2000년은 서력 기원의 세 번째 밀레니엄을 열면서 주빌리를 위한 탁월한 기회를 제공한다. 우리는 이것을 앞선 장, 특별히 제1장에서 살펴보았다.

그러나 우리는 또한 주빌리의 시적이고, 비유적이고, 영적인 힘을 탐구했다. 그리고 지금 우리가 나팔 소리를 내라는 명령을 주의 깊게 경청함에 따라, 우리는 여전히 그 안에 침전되어 있는 지극히 개인적인 또 다른 의미를 발견한다. 주빌리에서 '땅'은 항상 우리 존재인 땅을 포함한다는 것을 상기할 때 "너는 온 땅에 걸쳐 나팔을 불 것이며… 왜냐하면 그것이 주빌리이기 때문이다"는 문구는 우리 자신이 주빌리 땅임을 시사한다.[10]

---

10 폴라 알렌(Paula Gunn Allen)은 "우리는 토지이다… 토지는 실제로 우리 자신에게서 분리된 장소가 아니다. 모든 피조물이 또한 존재인 것처럼 땅은 존재이다. 의식하고, 손으로 만질 수 있고, 지능있고 살아있는"이라고 적고 있다. (*The Sacred Hoop: Recovering the Feminine in American Indian Traditions* [Boston: Beacon Press, 1986], pp. 119, 160).

처음 네 개의 주빌리 전통들은 이미 우리에게 매 50년이 주빌리일 뿐만 아니라 삶의 모든 것이 주빌리임을 가르쳤다. 만일 우리가 그렇게 되는 것을 허락한다면, 이런 가르침은 매일 모든 사람을 위한 지침이 된다. 다음과 같이 언급한다. 즉 "당신의 존재가 주빌리다. 당신의 평생이 당신에게 거룩함이 될 것이다"고 말하는 것을 확증하고 확대한다.

3. 주빌리 실천가들

국가들(Nations)도 주빌리를 기념한다. 그리고 일부 국가는 주빌리 실천의 역사가 있다. 가령 19세기 말 대영 제국에서 군주로서 빅토리아 여왕의 60주년 기념은 주빌리 해로서 존중받았다. 그리고 이런 기념은 화려함과 광휘 그리고 의식(ceremony)으로 여전히 영국에서 기억되고 있다.

20세기 말에 특히 중앙아메리카와 남미의 다른 국가들은 투쟁과 억압의 역사에서 현대 주빌리 가능성에 주목하고 있다. 이 나라들과 다른 곳에 있는 그들의 지지자들은 빚의 면제, 구속 상태로부터의 자유, 그리고 부의 재분배라는 주빌리 시대를 촉구하고 있다. 우리 시대 해방 운동의 결과로서 주빌리가 담고 있는 이런 정치적이고 예언적인 차원은 이전 세기에 알려졌던 것보다 더 광범위하게 알려졌다.

종교적 기관 역시 정규적인 주빌리를 실천한다. 예를 들면, 종교기관들의 주빌리는 종종, 수세기 전의 베네딕트회(529 C.E.), 프란체스코회(1209 C.E.), 도미니크회(1233 C.E.), 또는 성요셉수녀회(1650 C.E.), 더 최근에는 머시 또는 메리놀수녀회의 경우처럼 기관 설립 축제이다.

이런 수도회에 속한 서약한 구성원들 또한 개인적으로 25년이나 50년 또한 이런 햇수보다 훨씬 오랜 후에 교단과 구성원들이 안식일, 용서, 해방, 정의에 관여한 것을 기억할 때, 그들의 서약 기념일을 준수한다. 주빌리를 기념하고 있는 다른 종교 기관 가운데 나는 이미 그들 자신의 교회 역사 일부로서 주빌리를 실천하는 방법을 모색하고 있는 미국의 복음주의루터교(Evangelical Lutheran Church in America), 그리스도 평화국제회의(Pax Christi), 개별적 교구와 지방 회중을 인용했다.

비록 가톨릭교회와 주빌리의 관계는 적어도 주후 1300년, 교황 보니파스(Boniface) 8세가 죄로 인한 형벌의 사면으로 주빌리 해(Jubilee year)를 선언했을 때로 거슬러 올라갈 정도로 실제로는 매우 오래되었을지라도, 나는 현재의 교황직(*papacy*)을 실천가로 인용했다.

이런 죄의 면제를 순례, 자선, 금식, 그리고 현대의 종교적 실천으로 계속되는 다른 구제 사역과 같은 연단을 통해서 획득할 수 있었다. 교황직은 처음에 주빌리 해들을 매 100년 마다로 한정해서 선포했으나 경우에 따라 교황의 주빌리는 50주년, 25년 혹은 33주년에 발생할 수 있었다.

오늘날 로마 가톨릭교회는 심지어 이런 때를 제외한 다른 경우에 개개의 나라들 혹은 도시를 위해 '특별한' 주빌리 해를 선언하기도 하고 종종 그런 주빌리의 기간은 1년 전체가 아닌 기간으로 지정한다.

하지만 교황 요한 바오로(John Paul) 2세는 최근 기억으로는 어떤 교황도 하지 않은 성경적인 주빌리 전통으로 돌아왔다. 그렇게 할 때 적어도 한 명의 기자가 언급했듯이 교황은 자신에 대한 고정 관념을 "미래를 향하기보다는 오히려 과거를 강화하는 데 열중하는"[11] 반동주의자로 심히 복잡하게 만들었다.

1994년에 발표된 "주후 2000년도의 위대한 주빌리에 관한 성찰들"이란 제목의 문서에 요약되어 있는 프로그램에서, 요한 바오로 2세는 죄, 오류, 그리고 심지어 교회의 대표자들과 교회의 이름으로 지난 2천여 년간 저질러진 범죄들을 고백하게 하는 교회를 위한 양심에 관한 진지한 조사를 제안했다.

교황이 이런 문제를 언급했을 때 이런 것들은 얀 후스(Jan Hus)를 화형 시킨 것에 대한 회개, 다른 종교 개혁자들의 순교,[12] 교회가 노예 거래에 관여한 것, 교회가 미국의 원주민들에게 정의를 실현하지 못한 것, 십자군 전쟁의 극단성, 종교재판, 유대인 학살(Shoah)의 원인이 되었던 반 유대주의 관행이 포함될 수도 있다.[13]

주빌리와 관련된 또 다른 제안은 교황이 기독교, 유대교, 이슬람교 지도자들이 시내 산에서 개최하는 연합 집회 요청이고 이런 연합 집회는 오랜 적대감을 청산하려는 시도로 공통의 조상을 공유하는 사람들 사이의 모든 폭력을 포기하는 방향으로 맞추어져 있다. 게다가 교황은 세계교회협의회(WCC) 및 정교회 대회의(Great Council of Orthodoxy)와 협력하여 베들레헴과 예루살렘에서 범기독교인(pan-Christian)의 재회를 요청하고 있다. 이런 제안에서 우리는 특별히 용서, 해방, 그리고 정의라는 위대한 주빌리의 음악을 듣게 된다.

---

11 Jerry Ryan, "The Pope and the Millennium-I: The News That Didn't Fit, a Repentant Church?" *Commonweal* (October 21, 1994): 6.
12 "Pope Asks Czechs to Forgive Sectarian Wrongs," *New York Times*, May 22, 1995.
13 다음을 보시오. Desmond O'Grady, "The Pope and the Millennium-II: The Perils of Penance," *Commonweal* (October 21, 1994): 7.

하지만 내가 현 시대에 주빌리 지지자들을 찾으려고 애썼을 때 나는 미국 흑인들보다 더 주빌리의 삶과 관련된 사람을 발견하지 못했다. 예를 들면, 초기의 도서관 자료 연구를 하면서 나는 도서목록에서 '주빌리'라는 이름 하에 있는 대부분의 연구들이 흑인들의 삶과 정신으로 가득 차 있음을 발견했다.

이런 연구들 가운데 1865년 주빌리 해방으로 시작하는 『자유의 댓가는 무엇이었나?』(*What Was Freedom's Price?*)라는 작품이 있었다. 재건이 미국 흑인에게 미친 영향을 연구로는 『프레드릭 더글러스의 남북전쟁: 주빌리와 더불어 신앙 지키기』(*Frederick Douglass' Civil War: Keeping Faith with Jubilee*)과 『주빌리 불꽃: 냇 터너의 격렬한 반란』(*The Fires of Jubilee: Nat Turner's Fierce Rebellion*)이 있다.[14]

나는 또한 남북전쟁 이전과 전쟁 당시 그리고 전쟁 후 자신의 증조할머니의 삶에 관한 이야기를 다룬 마가렛 워커(Margaret Walker)의 1966년 소설 『주빌리』(*Jubilee*)를 발견했다. 이 소설은 백만 부 이상이 팔렸고 전형적인 조상의 이야기를 통해 주빌리의 여러 면을 조명한다. 이 소설의 창의적인 많은 요소 가운데 하나는 워커가 본문 전체에 걸쳐 노래를 사용하는 데 이 노래 가운데 많은 것이 흑인 영가다. 모든 장이 적어도 한 개의 노래 단편으로 시작한다.

> 모든 흑인은 노새를 소유하기 위해 갔다. 주빌리, 주빌로!

---

14 David G. Sansing, ed., *What Was Freedom's Price?* (Jackson, Miss.: University Press of Mississippi, 1978); David W. Blight, *Frederick Douglass Civil War: Keeping Faith with Jubilee* (Baton Rouge, La.: Louisiana State University Press, 1989); and Stephen B. Oates, *The Fires of Jubilee: Net Turner's Fierce Rebellion* (New York: Harper & Row, 1975).

모든 흑인은 노새를 소유하기 위해 갔다
아담처럼 황금률 안에서 산다
그리고 그의 자녀들을 백인의 학교에 보낸다 주빌로의 해에![15]

마치 주빌리에 대한 이 노래의 중요성을 나타내려는 것처럼 워커는 제목 면 다음에 바로 전통적인 흑인 영가 "주빌리" 문구를 적었다.

우리는 야곱의 사다리를 오른다
우리는 야곱의 사다리를 오른다
우리는 야곱의 사다리를 오른다
주빌리의 해(year)를 위해!

매회(round) 더 높이 올라간다
매회 더 높이 올라간다
매회 더 높이 올라간다
주빌리의 해 쪽으로.

내가 군인이 될 것이라고 당신은 생각합니까?
내가 군인이 될 것이라고 당신은 생각합니까?
내가 군인이 될 것이라고 당신은 생각합니까?
주빌리의 해에?

---

15 Margaret Walker, *Jubilee* (New York: Bantam Books, 1966), p. 286.

흑인들이 주빌리가 지닌 힘에 주목함은 전혀 놀랄만한 것이 아니다. 미국 흑인들은 그들의 경험에서 노예 역사, 고난, 그리고 주빌리가 추구했던 해방을 위한 갈망을 보존할 뿐만 아니라 주요 신조를 구현한다. 우리가 특별히 오늘날 흑인 교회에서 분명한 성경적인 장점, 안식일에 대한 감사, 자유와 정의를 위한 열정, 용서할 수 있는 역량의 상호작용을 성찰한다면 우리는 이런 상호 작용이 어떤 다른 사람들도 필적할 수 없을 정도로 미국 흑인들의 삶 속에 만들어져 있다는 것을 보게 된다.

4. 주빌리를 기념하는 이유들

오늘날 왜 주빌리를 기념하는가?
이 질문은 다른 많은 표현들을 내포하고 있다.
왜 주빌리를 준수합니까?
왜 꼭 이것이어야 하나요?
왜 주빌리를 영성으로 주장합니까?
왜 그것을 종교교육의 교과과정으로 만듭니까?
심지어 이 질문은 "공포와 유혈사태, 악이 세상에 주어졌는데, 왜 누구나 주빌리를 준수해야 하나요?"와 같은 표현이 있다.
나는 지금쯤 이 책을 읽는 독자들과 독자가 몸담고 있는 공동체 스스로 이런 질문에 답을 하며 주빌리가 가진 힘과 주빌리의 하나님은 삶, 사회, 역사적인 행위를 재창조할 수 있다는 사실을 이해하길 희망한다. 나의 예감은 다음과 같다. 즉 그들이 이해했다면 다음은 그들이 할 수 있는 반응 가운데 일부분이다.

① 오늘날 우리는 시대가 요청하기 때문에 주빌리를 기념한다.

마치 이런 종말이 새로운 시작으로 바뀌는 것처럼 마지막 10년이 함유한 힘, 한 세기의 끝, 천년의 끝은 이런 긴박성의 원인이 된다. 전통적으로 새로운 시작은 가능성과 결단의 시대이고 우리로 하여금 시간 자체를 주빌리 기념으로 향하게 하는 중요한 요소로 만든다.

② 오늘날 우리는 주빌리를 20세기가 우리에게 남기고 21세기가 우리에게 직면하게 한 도전에 대한 응답으로 기념한다.

주빌리는 우리가 이런 도전에 답할 수 있는 매우 중요한 방식이다. 제1장에서 내가 보여주려 했듯이, 이런 질문들은 다음을 포함한다.

해방의 어떤 부분이 우리의 주의를 끄는가?
우리는 연결됨을 어떻게 실행하는가?
전세계적인 고통이 우리에게 무엇을 요구하는가?
우리는 어떤 예술적인 힘을 가지고 있는가?
이 세상을 고치는 과업에 우리는 어떤 기여를 하는가?

오늘날 주빌리 지지자들이 우리를 가르치는 것처럼 주빌리 전통은 이런 질문에 대한 심오한 종교적인 응답이다. 우리의 영적, 도덕적, 종교적 유산으로서 우리는 안식일, 용서, 포로 석방, 정의와 기쁨 안에 있는 힘을 받았다. 그러나 이 각각에 있는 힘은 다른 사람들과 별개이거나 떨어져 있지 않다. 대신 주빌리의 힘은 다른 사람들의 활동을 활성화시키는 한 사람의 활동과 협력하여 이런 모든 전통을 실천하는 가운데 발생한다.

③ 오늘날 우리는 세상이 계속해서 하나님의 웅장함(grandeur)으로 가득 차 있다는 것과 성령이 뒤틀린 세상을 계속해서 따뜻한 가슴과 밝은 날개로 덮고 있음을 인정하기 위해 주빌리를 기념한다.

주빌리를 선포하는 것은 신앙의 행위, 희망의 행위, 그리고 은혜와 선함과 거룩함이 존재한다는 확신의 행위이지만 이것들 가운데 어떤 것도 완전히 성공하진 못했다.

이런 맥락에서 즐거운 주빌리 전통은 특별히 타당하다. 왜냐하면 이런 즐거운 주빌리 전통은 깨어짐에도 불구하고, 조용한 안식일이 존재하고 형제가 형제를 살해함에도 불구하고, 용서가 존재하고 대규모 불평등에도 불구하고, 선지자적인 정의가 존재한다고 말하기 때문이다. 학살에도 불구하고 우리의 세상은 새로운 세상이 태어나려고 진통하는 베들레헴을 향해 쏠리고 있다.

우리가 사는 종종 유감스러운 세상에서 이런 탄생이 가능하다는 희망은 일반적인 확증을 얻는다. 베를린 장벽이 무너졌을 뿐 아니라 독일이 통일되었다. 넬슨 만델라는 자유로울 뿐만 아니라 남아프리카공화국의 대통령이다. 심지어 어린이 보호기금이 우리 중 가장 나이 어린 사람들을 위한 관심에서 수백만을 어린이 안식일(Children's Sabbath)로 인도했던 것처럼, 단지 최근 1년의 과정에서 UN은 땅에 대한 사랑에서 또다른 환경의 안식일을 기념했다.

영국과 북아일랜드는 극심한 고통에 시달리는 얼스터(Ulster) 지역의 폭력 종식에 관한 토론을 시작했다. 장-베르트랑 아리스티드(Jean-Bertrand Aristide)는 아이티로 돌아왔고, 포르토프랭스(Port-au-Prince)는 길거리에서 춤을 추기 위해 일을 잠시 쉬었다. 지미 카터(Jimmy Carter)는 계속해서 평화운동을 하고 해비타트운동과 더불어 가난한 사람들을 위한 집짓기를 계속하고 있다. 이스라엘과 요르단이 '물을 공유할 것' 이라는 약속에서 두 나라는 죄와 공포가 넘쳤던 곳에 은혜가 훨씬 더 넘친다는 성례적(sacramental) 상징을 제공한다.

④ **다음에 나오는 기쁨의 예전에서 발견하겠지만 오늘날 우리는 모든 좋은 선물들의 제공자(하나님 – 역주)에게 감사를 드리기 위해 주빌리를 기념한다.**

나는 기쁨의 과정이 담고 있는 일부로서 이것으로 돌아갈 것이지만 여기서 나는 방법을 고려하기 전에 우리가 주빌리에 참여하기 위한 핵심적인 근거로서 감사를 거명한다. 우리의 찬가가 '감사와 영광과 찬양을 드리세'로 번역되는 '주빌라테'(Jubilate)에서 멈춘다면 우리의 찬가는 미완성이다. 우리의 찬가는 계속해서 '주빌라테 데오'(Jubilate *Deo*) 즉 "감사, 영광, 찬양을 하나님께 드리세"로 진행해야 한다. 우리가 이 신비를 어떻게 명명하든지 존재의 신비 자체 앞에서 우리는 감사해야 하고 감사가 되어야 하고 배은망덕에서 떠나 있어야 한다.

백성으로서 히브리인들은, 고대든지 현대든지, 이것을 절대로 잊지 않는다. 심지어 유다 인들을 바벨론으로 추방했던 느부갓네살의 정복군대에 사로잡혀 있을 때, 심지어 포로 수용수에 있을 때에도 그들은 찬양했고 여호와 하나님께 감사했다. 그들은 시편이라 부르는 성경의 책을 만들었다. 시편에서 특징적인 시작 구절은 다음과 같다.

> 내가 전심으로 여호와께 감사하며
> 신들 앞에서 주께 찬송하리이다(시 138:1).

그리고

내가 전심으로 여호와를 찬양하며
주의 모든 기이한 일들을 전하리이다(시 9:1).

그리고

내가 여호와께 감사함은 그가 선하시며
그의 사랑이 영원함이로다(시 118:1).[16]

수세기 지나는 동안 히브리인들은 모든 유월절 축제에, 매주 안식일에, 매 일곱 번째 해에, 모든 세대에서 각 사람은 마치 자신이 막 애굽에서 나온 사람처럼 간주하고, 또한 이 사실을 기억하면서 감사하라는 탈무드의 조언에 따라 행동했다. 이것은 우리에게 주빌리를 기념하는 이유와 완전케 되기 위해 우리의 노래가 '주빌라테 데오'가 되어야 하는 이유를 상기시키는 전통이다.

5. 기쁨의 과정: 주빌리의 예전적 의식(Ritual)

우리가 우리 시대에 주빌리의 필요성을 확신하게 됨에 따라 우리는 또한 주빌리를 만들기 위한 형태의 필요성을 인식하게 된다. 결론을 내

---

16 모린 리춰(Maureen Leach)와 낸시 쉬렉(Nancy Schreck)에 의해 번역됨. *Psalms Anew: A Non-Sexist Edition* (Dubuque, Iowa: The Sisters of St. Francis, 1984).

리는 이 단락에서 나는 주빌리 실천을 구현하는 예전적인 형태를 제공한다. 살며 사랑하며 죽는 것이 의식(ritual)인 것처럼 본질적으로 주빌리가 위대하고 장엄한 의식이라는 진리에 경의를 표하면서 나는 주빌리를 우리의 안내 지침으로 제안한다. 왜냐하면 주빌리가 기념적인 중심임에 덧붙여 적어도 암묵적으로 이미 많은 공동체와 성찬식에서 종교적 의례를 위한 경건한 모델이기 때문이다.

모든 의식처럼 주빌리 의식은 특정한 단계들, 리듬, 그리고 심미적인 형태로 이루어진다. 이런 것들은 레위기 25장을 묵상하고 이사야서 61장과 누가복음 4:16-20에 대해 구도적으로 기도하면서 묵상함에 따라 식별할 수 있다. 심지어 이 본문들이 안식일, 용서, 자유, 정의를 요약하는 것처럼 이런 본문들은 반드시 안식일, 용서, 자유, 정의를 포함하는 기쁨의 '방법', 즉 과정과 실천을 드러낸다.

다음에 이어지는 내용은 의도된 의식(ritual) 속에서 자신들의 상황에 더 긴밀하게 부합하는 유사한 모델과 촉매제 모두를 만들기 원하는 사람들을 위해, 이런 과정의 결합 방식에 관한 것이다. 이런 형태는 기쁨의 과정에서 일반적으로 강조되고 대부분의 예전과 예배에서 익숙한 다섯 개의 요소를 포함한다. 그 형태는 선포 또는 알림으로 시작해서, 회개와 용서의 시간과 더불어 계속되며, 성령을 기다리기 위해 잠시 멈추고, 감사의 노래를 크게 부르며, 그리고 마지막으로 자유와 정의에 도움이 되는 일들로의 파송으로 끝난다.

이런 예전은 한 시간 내에 마칠 수도 있겠으나 비록 어렵더라도 하루 또는 일주일이 더 좋다. 이런 예전을 1년 혹은 2년에 걸쳐 거행하는 것은 훨씬 더 심미적으로 적절하다. 그리고 그렇게 하는 것이 주빌리 가르침과 좀 더 일치할 것이다. 이런 예전은 또한 주빌리의 부름에 응답하는 사람들을 양육하면서 평생의 과업으로 거행되고 유지될 수도 있다.

1) 선포

기쁨의 예전에서 첫번째 요소는 분, 시간, 해와 같은 시간을 모으라는 명령에 의존한다. 그런 후에 공동체가 선택하는 날에 나팔이 울리고 알림이 고지되며 주빌리가 선포된다.

선포의 날로 선택된 날은 상황에 따라 다를 것이다.[17] 그러나 예전의 이런 첫 번째 부분에 필수적인 것은 모든 이를 위한 축제로서 주빌리를 선포하는 것이다. 성경 본문은 알림과 선포가 '모든 땅에 있는' 자유에 관한 것임을 분명히 하고 있다. 그러므로 주빌리는 정치적이고 예언적인 사건으로 선언된다.

안드레 트로메이(Trocmé)나 존 요더(Yoder) 둘 다 기쁨과 주빌리가 담고 있는 정치적 특징을 강조한다. 누가복음 4:14과 이어지는 절들에 관해 논평하면서 요더는 예수님의 초기의 메시지는 세례 요한에 의해 사용된 것, "하나님의 나라가 가까이 있으니 회개하고 복음을 믿으라"와 같은 어구였다고 언급한다. 요더는 계속해서 '나라'와 '복음'(evangel)은 정치 영역에서 선택한 것이라고 언급한다.[18] 게다가 그는 예

---

17 예를 들어, 지역 교구 또는 회중, 주교 관구 또는 사법 기관은 그 설립일의 기념을 선포의 시간으로 선택할 수 있다. 가족은 새로운 자녀나 손자의 탄생 또는 가장이나 여가장의 죽음을 선택할 수도 있다. 기도 그룹은 그 그룹의 명명일 또는 멘토나 모델인 누군가의 생일을 선택할 수도 있다. 교수진이나 학생회는 주빌리 전통을 구현하는 그 학교의 역사에서 역사적 사건을 선택할 수도 있다. 한 개인은 세례, 탄생, 안수 또는 은퇴와 같은 개인적 의미가 있는 날짜를 선택할 수도 있다.

18 다음을 보시오. John Howard Yoder, *The Politics of Jesus* (Grand Rapids: Wm. B. Eerdmans Publishing Co., 1972), pp. 34ff.

수님이 이런 어휘를 선택한 것은, 만약 그 자신의 선포가 요한의 선포와 달랐다면, 부적절했을 것이라고 주장한다.

비록 대부분의 사람들이 나라(*kingdom*)가 정치적 용어임을 알고 있을지라도 성경을 읽는 평범한 독자들은 대개 복음(*gospel*)이나 기쁜 소식(*evangel*) 또한 정치적 용어라는 것을 훨씬 덜 자각하고 있다. 복음은 단지 오래된 환영의 보고서가 아니라 경주자, 곧 메신저(*kēryx*) 또는 '보도자'(herald)와 더불어 보낼 가치가 있고, 주자가 도착할 때 축하할 만한 가치가 있는, 일종의 공적으로 중요한 선언임을 의미한다.[19]

주빌리의 소식 또한 그렇다. 안식일처럼 주빌리 선포는 일상적인 노동을 중지하고 노래, 축제, 기념에서 그 표현을 발견한다. 또한 의식이 시작하면서 우리가 공동체에서 재생을 표현하고 상징하는 영혼의 노래로 인도되지만, 주빌리 선포는 선포하는 사람과 받는 사람을 더 깊이 관여하게 한다.

선포자와 수용자 모두 죽음과 애도가 더는 존재하지 않는 새로운 창조, 새로운 세계, 새로운 질서를 알리고 있음을 인정해야 한다. 이 안에서 알림은 다음과 같이 증언하는 요한계시록에 나와 있는 또 다른 성경적 선포를 상기시킨다.

> 내가 들으니 보좌에서 큰 음성이 나서 이르되
> "보라, 하나님의 장막이 사람들과 함께 있으매
> [하나님이] 그들과 함께 계시리니
> 그들은 [하나님의] 백성이 되고

19　Ibid.

하나님은 … 그들과 함께 계셔서
[하나님이] 모든 눈물을 그 눈에서 닦아 주시니
다시는 사망이 없고
애통하는 것이나 곡하는 것이나 아픈 것이 다시 있지 아니하
리니, 처음 것들이 다 지나갔음이러라"(계 21:3-4).

2) 회개와 용서

유대인과 그리스도인의 예전적 전통과 실천에서 회개와 용서의 행위는 항상 중요한 위치에 있어 왔다. 종종 이런 위치는 예전의 시작 또는 부활절로 이어지는 사순절의 경우에서처럼 큰 축제를 위해 준비하는 자리에 있었다. 기쁨의 의식 또한 그렇다. 선포된 주빌리를 듣기 위한 공동체의 모임은 이제 서로서로와 하나님 앞에서 공동체 구성원들의 실패를 인지하기 위해 나아간다.

고대의 찬송가들은 주빌리 예전에서 이 과정을 시작할 수 있다. "키리에(Kyrie), 엘레이손(eleison); 크리스떼(Christe), 엘레이손(eleison); 키리에(Kyrie), 엘레이손(eleison)," 곧, "주여 자비를 베푸소서; 주여, 자비를 베푸소서; 그리스도여, 자비를 베푸소서; 주여, 자비를 베푸소서." 또는 공동체가 함께 다음과 같은 단어들을 반복할 수 있다.

> 우리는 우리의 어머니들과 아버지들의 하나님께 고백합니다
> 그리고 우리는 우리의 형제와 자매에게 고백합니다
> 우리의 생각과 우리의 말에서
> 우리가 행한 것에서

그리고 우리가 행하기로 한 것의 실패에서
우리는 우리 자신의 잘못을 통해 죄를 범해 왔음을.

그런 다음 우리는 우리가 특별히 공동체로서, 만약 이것이 우리에게 적용된다면, 종종 우리가 가진 특권을 인식 못하는 특권이 부여된 백성으로서 우리가 했던 것과 하지 못했던 것을 성찰할 때, 우리는 침묵 속에서 이런 표현을 따라 할 수 있다.

본서의 제3장은 예전의 이런 부분을 위한 공식(formula)을 제공한다. 용서의 실천은 "무엇을 용서하고 무슨 용서를 구해야 하는가?"라는 질문에 기꺼이 대답하는 것을 포함하고 또한 대인관계뿐만 아니라 사회적 영역에서 특별히 빚, 죄, 누락을 기억하는 것이다. 우리는 또한 잠시 멈출 필요가 있고 "용서하고 누구에 의해 용서받아야 하는가?"라는 질문에 답을 해야 하고 우리 가족, 친한 사람들, 우리 국민들이 해를 끼쳤던 사람들에게 용서를 구하는 데 집중해야 한다.

덧붙여, "누구의 용서를 구합니까?"라는 질문은 우리가 도와줄 수 있었으나 그러지 못한 사람들과 우리 이름으로 상처를 입은 사람들, 즉 우리 나라가 외국에서 싸웠던 전쟁뿐 아니라, 우리의 가정에 더 가까운, 즉 우리 가족 안에서 다른 지역이나 도시에 있는 적대자들, 소위 원수들 또는 '다른 편'에 있던 사람들을 포함한다. 우리는 심지어 용서하기 불가능한 사람들에 대한 우리의 책임을 기억하고 이런 책임으로 취할 수도 있는 형태를 결정해야 한다.

그런 다음 우리는 회개하도록 안내받는다. 종종 일상적인 예전은 너무 짧은 시간이라 주빌리가 요구하는 회개에 관여할 수 없다. 이것은 일상적인 예전이 어느 정도 긴 예전이 되어야 함을 찬성하는 또 다른 주장이다. 주후 2천 년에 이르는 시간과 또한 2천 년이 다가온 후에 몇 년에 걸쳐서, 회개에 시간을 부여하고 역사와 전통을 찾는 속에서 주어진 주어진 사례를 따르는 것과 수 세기에 걸쳐서 우리 자신과 교회가 저질렀던 죄를 슬퍼하고 용서를 구하는 것이 불가능한 것은 아니다.

그런 의식에 참여하는 공동체를 위해, 이것은 종교적 경계, 인종적 경계, 민족적 경계, 그리고 우리 공동체 안에서와 공동체의 경계를 넘어 나이, 계급, 성적 취향과 같은 다른 장애물을 가로질러 대화로 향하는 운동을 의미할 수도 있다.

뉴욕 타임즈(New York Times)는 최근에 가족의 재회를 위해 북캐롤라이나 주(state) 아이네즈(Inez)에 함께 모인 알스톤스(Alstons) 가족, 일가족 150명 가운데 있었던 그런 대화를 보도했다. 노예들과 노예 소유자들의 후손들인, 가족의 반은 흑인이고 나머지 반은 백인이다.[20] 그들은 자신들이 누구인지 발견하고 그들의 삶을 서로에게 개방하기 위해 함께 모였다. 이런 모임에서 일단 신뢰가 구축되고 종종 눈물이 허용되고 노래를 부를 때 주빌리 용서가 발생할 수 있다.

우리가 다음과 같은 간구를 통해 성도의 전체 교제의 도움을 구하며 용서를 구하고 허락할 때, 이 단계의 의식적인(ritual) 수행은 끝이 날 수 있다.

> 그리고 우리는 모든 하늘의 궁전에 요청한다
> 우리는 아브라함과 사라
> 다윗과 미가엘, 우리아와 밧세바

---

20 "Family Reunion Bridges Gulf of Time and Color," *New York Times*, (may 22, 1995): sec. A, p. 20.

룻과 나오미와 오르바에게 요청한다
우리는 성모 마리아와 그녀의 남편 요셉에게 요청한다
우리는 거룩한 사도 베드로와 바울에게 요청한다
우리는 우리의 조상들과 우리가 해를 끼친 사람들의 조상들에게
요청한다
우리는 바람과 별들, 지구와 물에게 요청한다
우리는 모든 천사와 성자들에게 요청한다
심지어 우리는 우리의 형제와 자매인 당신[현재]에게
우리를 위해 모든 자비의 하나님께 기도해주기를 요청한다.

마침내, 우리는 서로에게 응답할 수 있다.

용서와 연민의 하나님이 당신의 모든 죄를 용서하시고
당신을 영원한 생명으로 인도하기를 바랍니다. 아멘.

3) 하나님(the Holy)을 기다리기

땅을 잠시 휴한하고 하나님을 기다리는 이런 전통은 결코 주빌리 상상에서 멀리 떨어져 있는 것이 아니다. 주빌리 예전의 일부이며, 그 예전의 중심에 놓여진 이 단계가 가진 특별한 능력은 경청을 위해 필요한 조건을 촉진하는 데 있다.

즉 거룩한 분, 우주 중심에 계신 신비한 분, 여호와 혹은 우리 가운데 어떤 이들이 하나님이나 위대한 어머니로, 어떤 이들은 '모든 이름 위에 계신' 분이라고 다양하게 부르는 창조주의 영을 기다리기 위해, 퀘이커

교도들이 언급하는 '중요 문제에 전념하는 것'에 필요한 조건을 잘 조성하느냐에 달려있다.

그래서 우리는 하나님이 우리에게 개인과 공동체로서 요구하는 것을 들을 수도 있다. 땅 전체에 자유를 선포하기 위한 방법과 무엇이 누구에게 속하는지를 찾아내는 방법을 발견할 수 있도록, 그래서 그것을 돌려주기 위해 우리는 경청한다.

이 세기가 끝나고 또 다른 세기가 시작하면서 다양한 종교적 양식을 가진 사람들과 심지어 종교적 양식이 없는 사람들도 개인 영성의 일부분으로서, 하나님께 말하기 위해서가 아니라 그분에게 경청하고 그분이 말씀하도록 매일 20분이나 30분 간격으로 잠시 멈추면서 규칙적인 고요함의 시간을 준수하기 시작했다. 이런 실천을 통해 그들은 인간의 소리 안에서 뿐만 아니라 땅의 외침과 신문의 헤드라인 안에 계신 하나님을 경청하는 데 관심을 가졌다. 그들은 또한 침묵 속에서 하나님을 경청한다.

그러나 기쁨은 공동체(communal) 전통이다. 따라서 주빌리 예전의 이 시점에서 서로의 존재가 힘의 원천인 공동체의 과업으로서, 자신들의 삶에서 발전시킨 능력을 공동체에서 **함께** 경청하기 위해 가져온다. 그들은 기다린다. 그들은 기다린다. 그들은 침묵을 훈련한다. 때때로 그들은 한 달 동안 때로는 6개월 동안 앉아 있다. 항상 그들은 이 단계를 중심적인 것으로 만들며 그것을 서두르지도 않고 잊어버리지도 않는다. 안식일 양초들이 켜졌고 그들은 불안해하기를 거절한다. 대신 그들은 함께 분주한 마음을 비우는데 관여하고 하나님이 들어오실 수 있도록 명상적인 침묵 속에서 휴식을 취한다.

이런 시간 동안 완전하게 침묵하는 것이 항상 쉬운 일은 아니다. 많은 종교 공동체는 너무 말이 많아서 그들은 하나님이 마음 안에 들어오는 것에 대해 너무 많이 말함으로써 그분이 그들 가운데 들어오는 것을 막고 있다는 것을 깨닫지 못한다.

다른 사람들은 그들이 하나님의 일이라고 믿는 일을 하느라 너무 바빠서 무엇이 제대로 되어 있는지 살피기 위해 하나님과 의논할 기회들을 만들지 못하고 있다. 그런데도 어떤 사람들은 하나님의 감화에 영향을 받지 않는다. 그들은 창조주 성령을 길들임으로써 하나님이 그들에게 요구하는 열렬한 소명을 회피하고, 자신들이 이미 성령의 본성과 성령이 그들에게 요구하는 종류를 이미 알고 있다고 너무 쉽게 가정한다.

우리는 진실하신 하나님에 의해 힘을 얻고, 중심을 잡고, 치유되기를 소망해야 한다. 그러나 우리는 또한 거룩한 것, 즉 만약 우리가 기다리고 경청함으로써 준비하지 않으면 일어나지 않을 것 같은 일로 인해 깜짝 놀라기를 기대해야 한다.

따라서 우리가 하나님의 임재를 기다리는 예전의 이 부분에서, 애니 딜라드(Annie Dillard)가 기록했던 것처럼 '조건들을 충분히 알고' 우리가 기원하거나 기다리는 권능의 종류를 알자. 거룩한 것을 경청하기 위해 공동체로 오라. 거룩한 것이 우리 삶을 바꿀 수 있다는 것을 인식하자.

딜라드는 이것이 발생하도록 하는 방법을 제안하면서, "안내자는 (Ushers) 생명의 보존자들을 탄생시키고 불길을 가리켜야 한다. 그들은 우리를 우리의 좌석으로 몰아세워야 한다. 왜냐하면 잠자고 있는 신(god)은 언젠가 잠이 깨어 성낼지 모르며, 또는 깨어 있는 신이 우리를 다시는 돌아올 수 없는 곳으로 이끌어낼 수도 있기 때문이다"[21]라고 그녀는 말한다.

4) 감사

그러나 자든지 깨어있든지 간에 하나님이 도착하실 때, 그 도착은 응답을 불러일으킨다. 불교 신자들이 '마음 챙김'(mindfulness)이라 부르는 것에 관여하고 공동의 회개에서 서로 동반자가 되며, 우리 소명의 본성을 구별하게 되었기에 우리는 이제 그것에 대답할 준비가 되었다. 우리가 그 응답 속으로 이동할 때 우리는 더 이상 침묵하지 않는다. 대신에, 감사는 기쁨에 의해 전수된 예전이기 때문에 우리는 우리 자신이 감사의 노래, 감사의 성시, "할렐루야" 합창을 부르고 있음을 발견한다.

우리가 감사의 찬양을 하면서, 우리는 우리로 하여금 이런 예전을 만들도록 자극했던 감사가 실제로 예전의 후렴이고 중요한 음악이라는 것을 발견한다. 이 장을 시작하면서 소개한 예전을 가진 공동체처럼 우리 역시 "거룩(Holy), 거룩, 거룩; 산토(Santo), 산토, 산토; 호산나(Hosanna), 호산나, 호산나"를 노래하게 된다.[22]

철학자 루이스 두프레(Louis Dupré)는 "감사란 모든 헌신적인 여성과 남성이 공유하는 미덕이고," "베네딕트회 수사뿐 아니라 불교 신자도 개인적 기분이나 감정에 관계없이 하루 종일 감사한다. 하루가 끝날 무

---

21 Annie Dillard, "An Expedition to the Pole," in *Teaching a Stone to Talk* (New York: Harper & Row, 1982), pp. 40-41. 전체 소론은 예전적 삶에 관한 성찰이다.
22 만약 이것이 성만찬의 전통을 그것의 중심으로 하는 기독교적 예전이라면 이것은 감사의 영성체 순간이다. 물론, 성만찬이 '감사를 드리기'로 번역되는 것은 의미심장하다.

렵 수사들은 그날이 가져온 것이 무엇이든 자신들의 기쁨, 지루함, 또는 고통이든지, 감사를 노래한다… 매일매일은 하나님에 의해 주어진 그리고 그 자체로 좋은 날이다"[23]라고 적고 있다.

반어적으로, 부서짐의 신비와 감사의 신비는 서로 떼어 낼 수 없을 정도로 연결되어 있다. 우리로 하여금 불의와 잘못됨을 줄이게 하는 충동은 단지 우리가 깨어짐과 감사가 불가분하게 서로 연결되어 있다는 것을 들었기 때문에 발생하는 것은 아니다. 그것들은 또한 삶의 선물이란 모든 이에게 속한다는 것을 깨달은 직접적 결과로서 온다.[24]

우리가 세상에서 잔인성, 인종차별, 또는 어떤 잘못이라도 맞서려 결정할 때, 주빌리가 우리로 하여금 재촉하듯이 우리는 이전의 확신을 가지고 있기 때문에 그렇게 한다. 평화, 고용 기회, 건강, 음식, 그리고 교육은 보편적인 선물이다. 그러나 우주에는 그 선물들이 모든 사람에게 미치는 것을 막고 세상 사람들 중 특권을 지닌 소수 집단에게만 해당하게 하는 갈라진 틈이 있다. 몇몇 사람들은 그 갈라진 틈을 악이라 부르고 신학자들은 그것을 죄라고 부른다.

그러나 신학자들은 또한 죄가 가득한 곳에 은혜가 훨씬 더 많이 있다고 가르친다. 선(Goodness)은 이미 우리 세상에 존재한다. 그렇지 않다면 믿는다는 것은 절망에 굴복하는 것이다. 그러나 그것은 부분적인 선, 불완전한 선이다. 악에 대한 인간의 적절한 반응, 그리고 우리가 선을 위한 우리의 잠재력을 성취할 수 있는 방법은 모든 지구의 창조물들에 대한 우리의 책임을 받아들이고 사물들이 당연히 존재해야 하는 모습

---

23 Louis Dupre, "On Being a Christian Teacher of Humanities," *Christian Century* (April 29, 1992), p. 455.
24 이 연결에 관한 설명을 위해서 다음을 보시오. Gabriel Moran, "Religious Education for Justice," *Interplay* (Winona, Minn.: St. Mary's Press, 1981), pp. 143-58.

을 방해하는 불평등과 박탈에서 회복하려고 노력하는 것이다.

　이런 책임을 받아들일 때 우리는 이미 우리의 것인 용서와 자유, 정의를 포함한 우리 삶의 평범하고 널리 퍼진 선물들을 인식할 필요가 있다. 우리가 지금 실천하려는 예언적인 행위는 하나님을 기다리며 하나님에 대한 우리의 감사로 공손히 무릎을 꿇는 전(前)단계에서 불가피하게 나타난다. 결국 우리의 감사하는 마음은 우리로 하여금 자유를 실천하는 것과 우리가 사는 세상에서 불의를 줄이는 과업을 수행하게 한다. 이런 것들을 기대하며 우리의 예전은 마지막 단계로 들어선다. 그리고 그곳에서 우리는 전세계에 걸쳐서 주빌리를 선포하는 임무를 수용하겠다고 표현하는 것이다.

5) 위임과 파송

　나는 상상을 통해 서로 맞물린 하나의 거대한 집합체 속에서 발생하는 기쁨의 최종 단계를 본다. 각 원(circle) 안에서 남성과 여성, 어린이는 서로 손을 잡고 노래하며 기도하고, 외치며, 선포한다. 음악이 가라앉자 구성원 가운데 일부는 아마도 그 원에서 가장 나이 많은 남성과 여성, 가장 나이 어린 어린이들은 그것의 멜로디가 이런 전통에 퍼져있는 고대의 주빌리 조언을 가창한다.

> 너희는 전국에서 나팔소리가 크게 울려 퍼지게 할 것이며…
> 너는 50년째 해를 거룩하게 할 것이고…
> 너는 그 땅에 있는 모든 주민을 위하여 자유를 공포하라…
> 그것은 너희를 위한 주빌리가 될 것이다…

> 너희는 각자 너희의 소유로 돌아가며 각각 자기의 가족에게로
> 돌아갈 것이다…
> 그것은 주빌리이다; 그것은 너희에게 거룩하게 될 것이다.

모든 원 안에 있는 모든 사람은 자신들이 취할 특정한 주빌리 행동(안식일, 용서, 자유, 정의, 기쁨)[25]을 거명할 때 이런 가창은 기쁨의 마지막 순간을 시작한다. 이런 명명은 위대한 탄원의 일부분이고 확신을 끌어내며 이런 확신을 통해서 회중 자체는 그들에게 권한을 위임한다. 그 확신은 "세상에 나가 주빌리가 되십시오. 왜냐하면 우리는 당신의 백성입니다"라는 말로 약속된다.

주빌리 가르침에서, 일단 나팔소리가 나면 토지는 휴식을 취하고 노래들이 불러지며, 한 가지는 남게 된다. 우리는 우리 백성에게 '되돌아갈 것'을 듣게 된다. 우리가 자유를 얻어 집으로 갈 수 있다는 것과 기억하고 재창조할 수 있다는 것을 배우면서, 이러한 되돌림이 자유의 전통과 함께하는 한가지 의미를 조사했다. 우리는 정의의 전통과 더불어 두 번째 의미를 탐구했다. 이제 기쁨의 위임은 자유와 정의를 섬기는 응답을 통해서 양도로의 되돌아옴과 하나님의 선한 선물인 땅을 회복하라고 우리를 초청한다.

---

[25] 이것을 할 수 있는 실용적인 한가지 방법은 7명으로 구성된 그룹을 통해서다. 생애 첫 일곱해에 해당되는 사람들이 먼저 시작한다. 그런 다음 8-14세, 그런 다음 가장 나이가 많은 사람이 21세인 사람, 그런 다음 28세, 35세, 42세, 49세, 70세를 지난 사람들, 77세 그리고 84세와 91세인 사람들에게로 - 주빌리 전통이 요구하듯, 그들의 칠년을 일곱 해를 계수하면서. 이에 덧붙여, 거명하는 것은 개인적일 필요는 없다. 또 다른 가능성은 전체 원들(circles)이 똑같은 소명에로 부름을 받았다고 인지하는 사람들로 구성하는 경우이다. 예를 들면, "기도에의 부름을 아는 사람들은 응답하겠습니까?"라고 묻는 지도자에게 한 원(circle)은 "우리가 바로 그 사람들 입니다"라고 대답할 수 있다.

결국, 주빌리 소명을 수행하는 유일한 방법은 주빌리에 의해 모든 사람에게 명해진 '우리의' 백성에게 되돌아감을 연장하는 것과 '우리의' 장소, 지구를 깨끗한 물과 깨끗한 공기, 그리고 행성 모든 구석구석에서 비옥한 토지의 올바른 계승으로 회복하는 것이다.

이런 마지막 단계를 예상하면서 나는 정의와 자유를 섬기는 '일'과 '실천들'으로서 수단을 명명해 왔다. 이런 것들이 단지 활동만을 암시할 수도 있으므로, 즉 존재와 대조되는 행하는 것을 암시할 수도 있으므로 나는 모든 공동체가 활동적인(*active*) 일뿐만 아니라 수용하는(*receptive*) 일, 사람들을 정의와 해방이라는 자비로운 행위뿐만 아니라 안식일의 아무것도 하지 않음을 위임해야 한다고 언급할 필요을 느낀다. 우리가 주빌리를 재창조할 때 경험하는 고통으로 인해 드러눕는 것이 배고픈 사람을 먹이는 것보다 가치가 떨어진다고 판단할 어떤 방식도 존재하지 않는다.

따라서 파송하는 것은 우리가 우리 자신을 찾을 수 있는 어디에서나 우리의 자리에 머물러 최선을 다한다는 단순함과 장엄함에로의 파송이다. 우리의 일은 우리의 자녀를 돌보고 그들의 기저귀를 가는 것만큼 평범할 수 있고 인도의 가난한 시골 사람들에게 양어법을 가르치는 것만큼 흔치 않을 수도 있다. 그것은 농구 경기만큼 놀이로 가득 찰 수도 있고 우리의 죽은 사람을 묻는 것만큼 진지할 수도 있다. 우리를 부르는 소명에 대해 말하는 이 마지막 단계에서 우리는 소명들이 하늘의 별들만큼이나 다양하기를 기대해야 한다.

그래서 위임이 우리에게 지시하는 소명은 주빌리 자체에서 발생한다. 주빌리를 준수할 뿐만 아니라 땅을 쉬게 하는 나머지 공동체를 돕기 위해 우리 가운데 일부는 주로 안식일을 지키는 백성으로 위임을 받을 것이다. 어떤 이들은 용서의 대행자들, 곧 상담가들, 치료사들, 치유가들, 참회자들이 될 것이다.

또 어떤 사람들은 학생들, 선생님들, 생태학자들, 주부들, 기금 조성자들, 또는 레모네이드 캠프 스탠드의 사업가들로 정의를 실행하기 위해 일할 것이다. 다른 사람들은 정부 무대에서 정책 입안자들과 행정임원들로 주빌리를 실천할 것이다. 그리고 다른 이들은 춤추는 사람, 마술사, 조각가, 가수, 시인과 어릿광대와 같은 주빌리를 실행하는 예술가가 될 것이다.

그러나 파송이 어디로 인도하든지 간에 그것은 어떤 뚜렷한 특징을 가질 것이다. 경계를 넘어서는 것이 한 가지 특징이 될 것이다. 즉 우리를 집으로 돌려보내는 일은 종종 우리를 멀리 보내는 일이 될 것이다.

위험을 무릅쓰는 것이 또 다른 특징인데 너무 적게 해서 오는 위험과 너무 많이 해서 오는 위험일 것이다. 새로운 생각들, 새로운 기관들, 새로운 삶들을 만들어내는 창의력(Creativity)이 세 번째가 될 것이다. 이것들 각각은 우리로 하여금 주빌리를 선포하는 소명에로 기름 부을 것이다.

따라서 우리가 원(circle)에 동참하고 미래를 위한 우리의 목적을 언급할 차례가 올 때 우리는 주저할 필요가 없다. 우리가 무엇을 하든 그리고 우리가 누구든지 간에 세상을 함께 고치려는 도상 위에 있다. 현존하는 주빌리 하나님(God of Jubilee)이 우리와 함께 하는 것을 믿으면서, 주빌리 꿈을 외치고 반응하여 그 꿈을 실현하도록 하는 데 있어서 우리와 함께 가는 장엄한 합창으로 인하여 우리는 강하게 된다.

이것은 트럼펫 소리와 커다란 목소리로 부르는 합창이다. 이것은 함께 모인 자들에게 끊임 없이 선포한다. 모든 사람에게 "세상에 나가 주빌리가 되십시오. 왜냐하면 우리는 당신의 백성이기 때문입니다."

◆ 추가적 성찰과 대화를 위해

1. 당신은 기쁨의 전통에서 일어나고 있는 해방, 연결됨, 고통, 상상력, 그리고 세상을 수선하기와 같은 주제를 어디에서 찾을 수 있습니까?

2. 당신은 어떤 노래를 주빌리와 연관시킵니까?
   왜 주빌리는 노래 없이는 미완성입니까?

3. 어떤 것들이 당신의 삶에서 기쁨의 경우였습니까?
   이런 주빌리의 시간을 만든 몇몇 요소들은 무엇이었습니까?
   당신의 감사의 이유가 하나의 주빌리 경험에서 다른 주빌리 경험으로 바뀐 적이 있습니까?

4. 어떤 것들이 당신의 가족, 종교 전통, 그리고 당신 나라의 삶 속에서 기쁨의 경우가 되어왔습니까?
   그것들과 연결된 흥겨움에 대해 당신은 무엇을 기억합니까?

5. 당신은 주빌리에 관한 미국 흑인의 인식의 이유가 무엇이라고 생각합니까?
   미국 흑인의 주빌리에 관한 믿음에서 당신은 무엇을 배울 수 있겠습니까?

6. 만약 당신이 그것을 디자인하게 된다면 당신은 이 장에서 언급되지 않은 무엇을 주빌리 예전에 포함하시겠습니까?

7. 당신이 세상에 나가 주빌리가 되도록 위임하는 회중 앞에서 당신은 어떤 소명을 주장하시겠습니까?

색인

ㄱ

가브리엘 마르셀 70
가이야(Gaia) 가설 64
가족 162
감사 187, 191, 202
겨자씨 정원에 관한 안내서 63
경제학 171
고수케 고야마 71
고통 15, 38-42
교육 53
교황직 195
구스타보 구띠에레즈 29
국가적 192
권리 176
그레첸 프리차드 145
급진적인 악마 96
기간 195

기도 36, 40, 45, 63; 78, 87-88, 187
기쁨의 예전 202
기억 130-136, 140

ㄴ

노예 122, 131-132, 141-142
누락 102

ㄷ

단계들 86, 204
단어들 86, 161
도리스 도넬리 18, 85, 111
되돌아옴 114, 115, 164, 216
땅 55, 57-58

ㄹ

레지나 콜 108

ㅁ
마이모니데스 117
미국의 인디언들 61
미국 흑인의 주빌리 197

ㅂ
발화점 52
부모 128
분열 81, 106, 175
빚 121, 124, 166, 192, 194

ㅅ
사무엘 테리엔 72
상상력 177
샤론 린지 53
성장 173
세상의 수선 81, 82, 119
소득 비율 174
소득의 불균형 54

ㅇ
아브라함 죠수아 헤셸 69
안식일 68
애도 114, 117, 129, 181-183, 206
어린이 안식일 151
어원 87, 192
엘레인 루렛 94
여가 78
연결됨 33
연관성 35

영성 50, 54, 72, 88, 102
예수님의 용서 90
예술적 상상력 46, 48-49, 78, 170
예언 190
예전의식 108
오스카 로메로 106, 140
요하네스 메츠 133
요한 바오로 2세 93, 195, 196
용서 84
용서하기가 불가능 103
우리의 지인들 106
우리 자신들 111
월터 브루그만 9, 26, 74, 157, 162
웬델 베리 156, 170
위임 191
음악 190
의식(Ritual)에 의해 116
의식적인 66
이미지 43
이야기하기 14
이유들 199
인종차별 109
일 154

ㅈ
자유 141, 197
재생 69, 78, 137
재소자들의 자유 141
전통 121
정의의 성경적 이해 158

정의의 시사점 164
존 도나휴 161
존 하워드 요더 53
종교 28
종교적 소명 29
종교적 특성 166
죄 76, 81, 86, 87, 88, 90, 93, 94, 95
주기도문 87
주빌리(jubilee)라는 단어의 의미 191
주빌리 실천가들 194
죽은 사람의 걷기 144
지구의 적자 168
지미 바카 135
집 124
집에 갈 124

ㅊ
창조신학 139
축적 175
축하하는 의례 79

ㅋ
카이로스 문서 30
캐롤린 포르체 26, 134
캐스린 라부찌 126
코리 텐 붐 109

ㅌ
태만 168
토마스 베리 139, 168

투쟁 194
특권 102
티쿤 올람 29

ㅍ
파드레익 오헤어 36
파울로 프레이리 31
폴 리꾀르 43
프로스보울 57
프리차드 145

ㅎ
하나님 155
하나님(the Holy)을 기다리기 210
하나님의 세상을 재생 138
하나님의 용서 166
한계 173
한나 아렌트 85, 87, 90, 92
헬렌 프리진 84, 94, 144
현존 126, 134
회개 207
회복 165
휴한 59

주빌리를 선포하라

Proclaim Jubilee!
A Spirituality for the Twenty-first Century

2015년 12월 31일 초판 발행

지 은 이 | 마리아 해리스
옮 긴 이 | 김은주

편　　집 | 이종만
디 자 인 | 장선률, 서민정
펴 낸 곳 | 사)기독교문서선교회
등　　록 | 제16-25호(1980. 1. 18)
주　　소 | 서울시 서초구 방배로 68
전　　화 | 02) 586-8761~3(본사)　031) 942-8761(영업부)
팩　　스 | 02) 523-0131(본사)　031) 942-8763(영업부)
홈페이지 | www.clcbook.com
이 메 일 | clckor@gmail.com
온 라 인 | 기업은행 073-000308-04-020　국민은행 043-01-0379-646
　　　　　　예금주: 사)기독교문서선교회

ISBN　978-89-341-1515-1 (93230)

* 낙장·파본은 교환해 드립니다.

이 도서의 국립중앙도서관 출판시 도서목록(CIP)은 서지정보유통지원시스템 홈페이지(http://seoji.nl.go.kr)와 국가자료공동목록시스템(http://www.nl.go.kr/kolisnet)에서 이용하실 수 있습니다.
(CIP제어번호: CIP2015035452)